Mein dickes Übungsbuch für den Schulanfang

Bald kommst Du in die Schule.
Diese Schulsachen sind für dich.
Schreibe deinen Namen darauf.

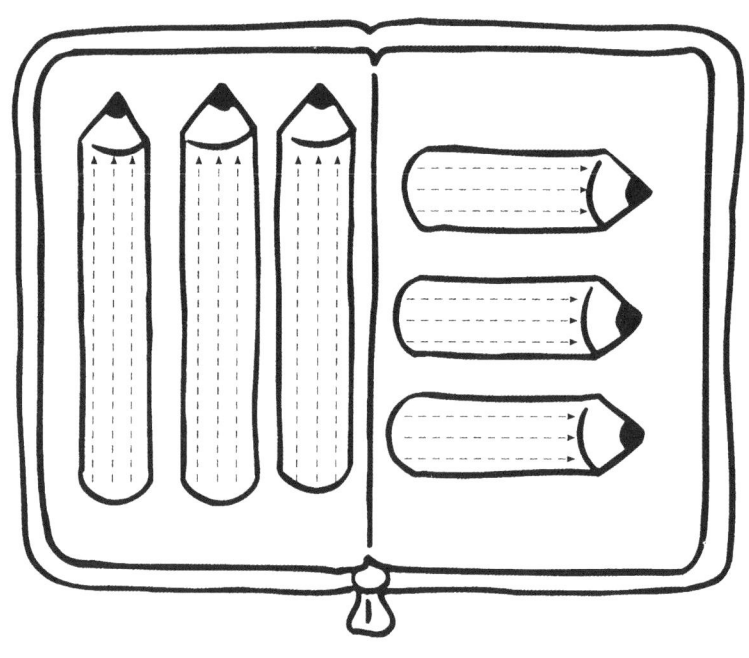

Fülle dein Mäppchen mit Stiften!

Und dann geht's los!

Erste Zählspiele

Wer hat wie viele Beine?
Verbinde jeden mit der richtigen Zahl!

Die Plätze im Theater sind schon fast alle besetzt.
Welche sind noch frei? Schreibe die Zahl auf!

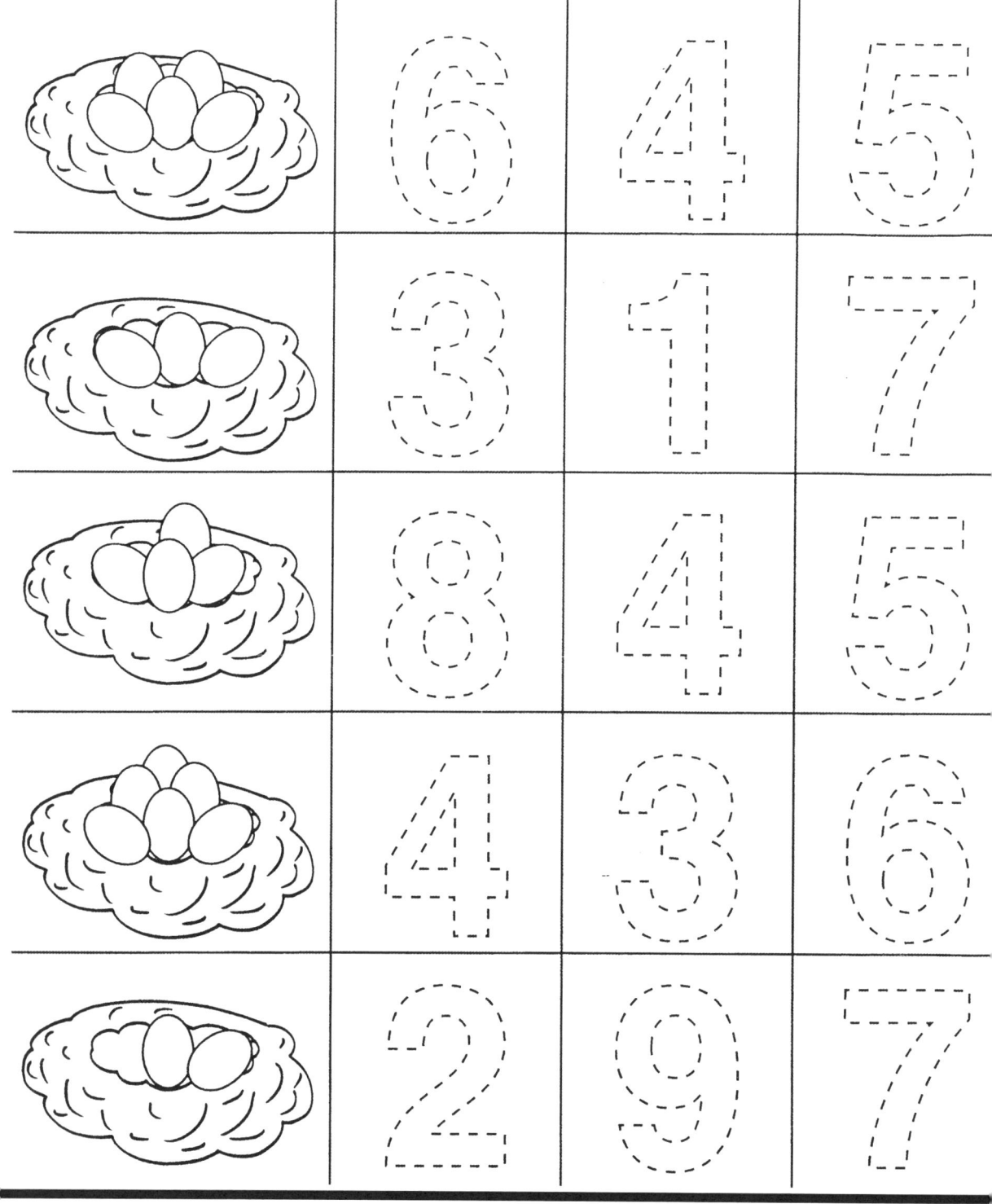

Wie viele Eier liegen im Nest?

Male die richtige Zahl aus!

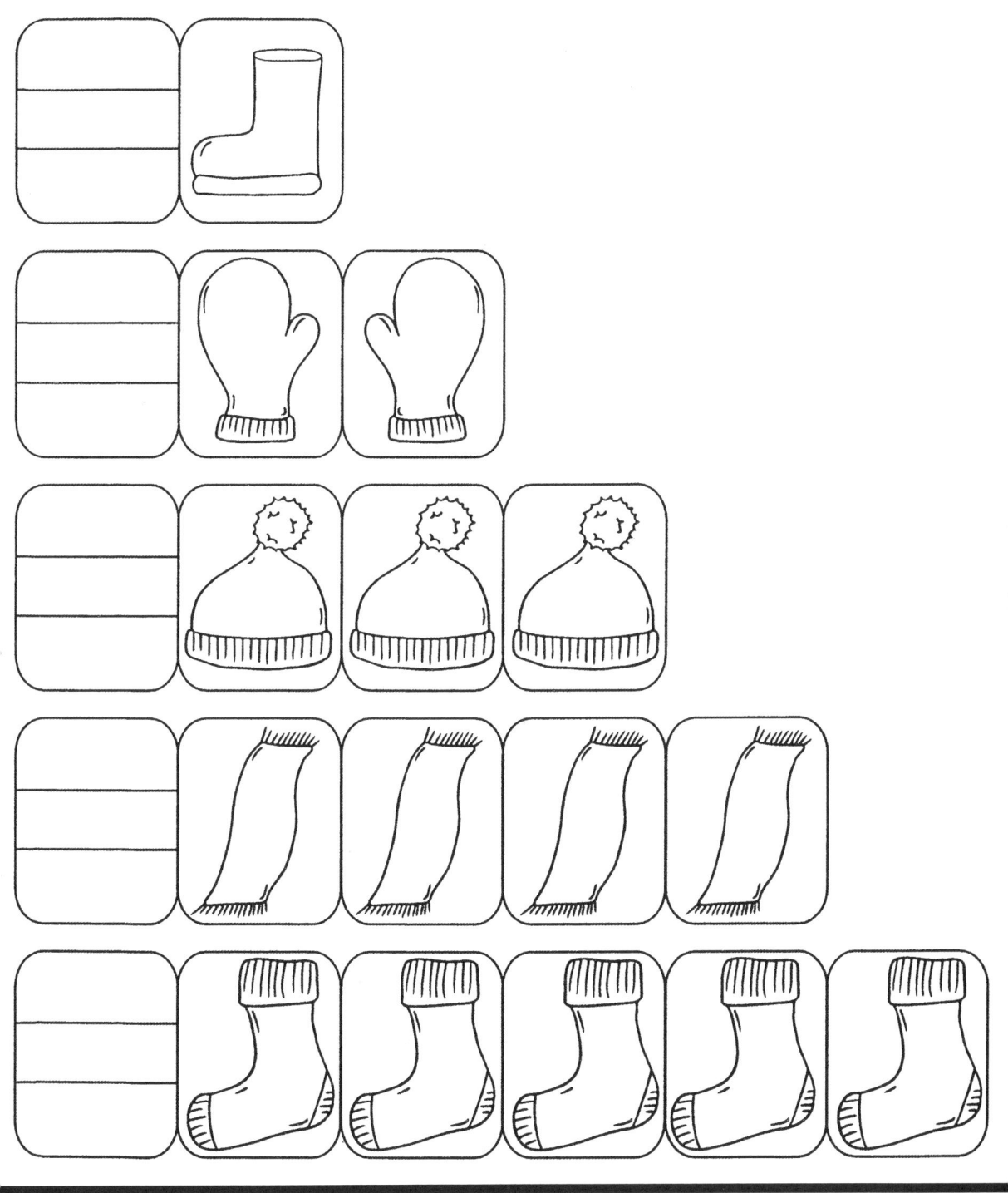

Zähle von 1 bis 5!

Schreibe die richtige Zahl vor die Bilder!

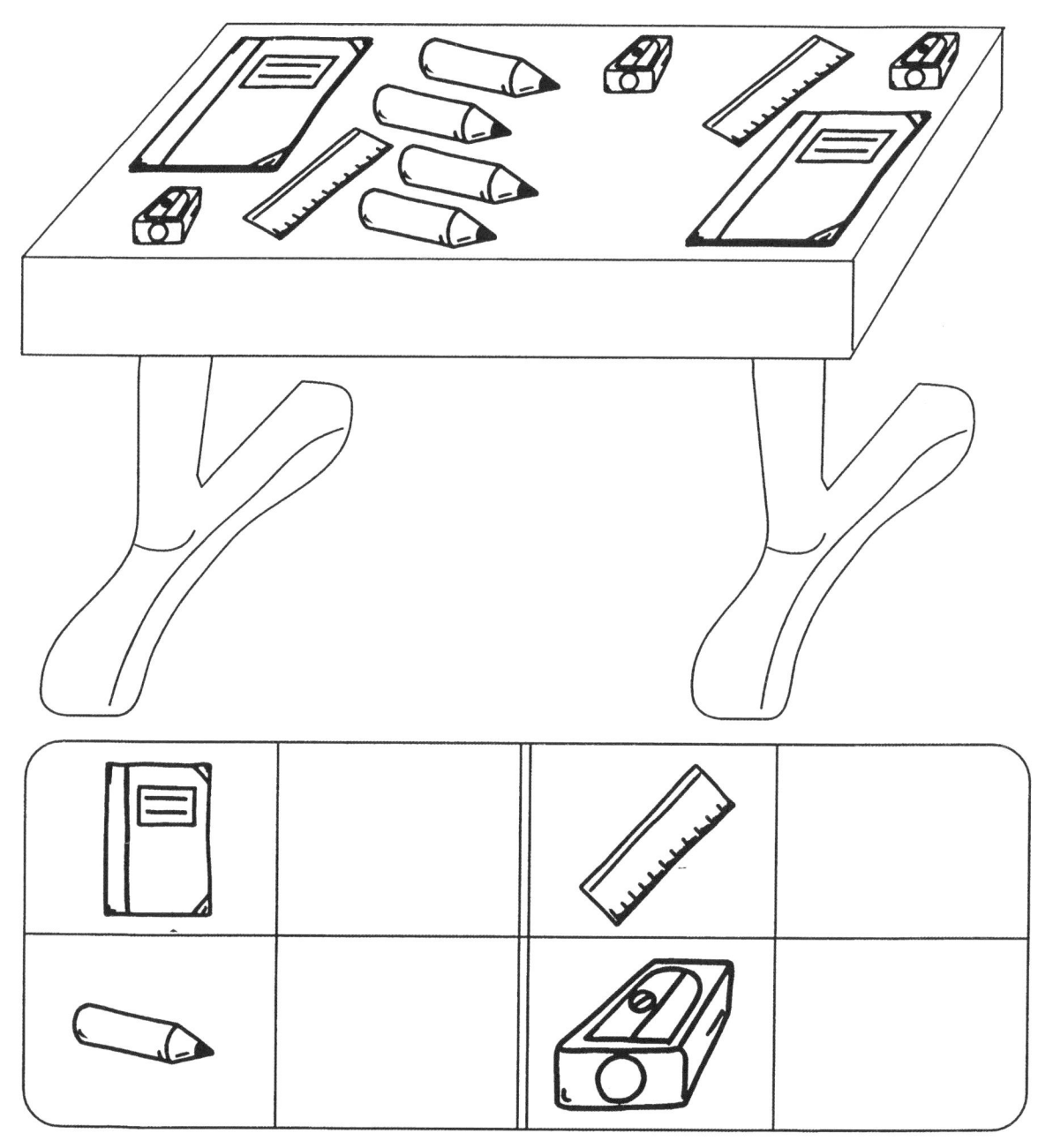

Kannst du gut zählen?
Wie viele Dinge liegen davon auf der Bank?
Trage die richtige Zahl ein!

Wie viele Löcher hat der Käse?
Male die richtige Zahl farbig aus!

Male so viele Dinge aus,
wie die Zahl anzeigt!

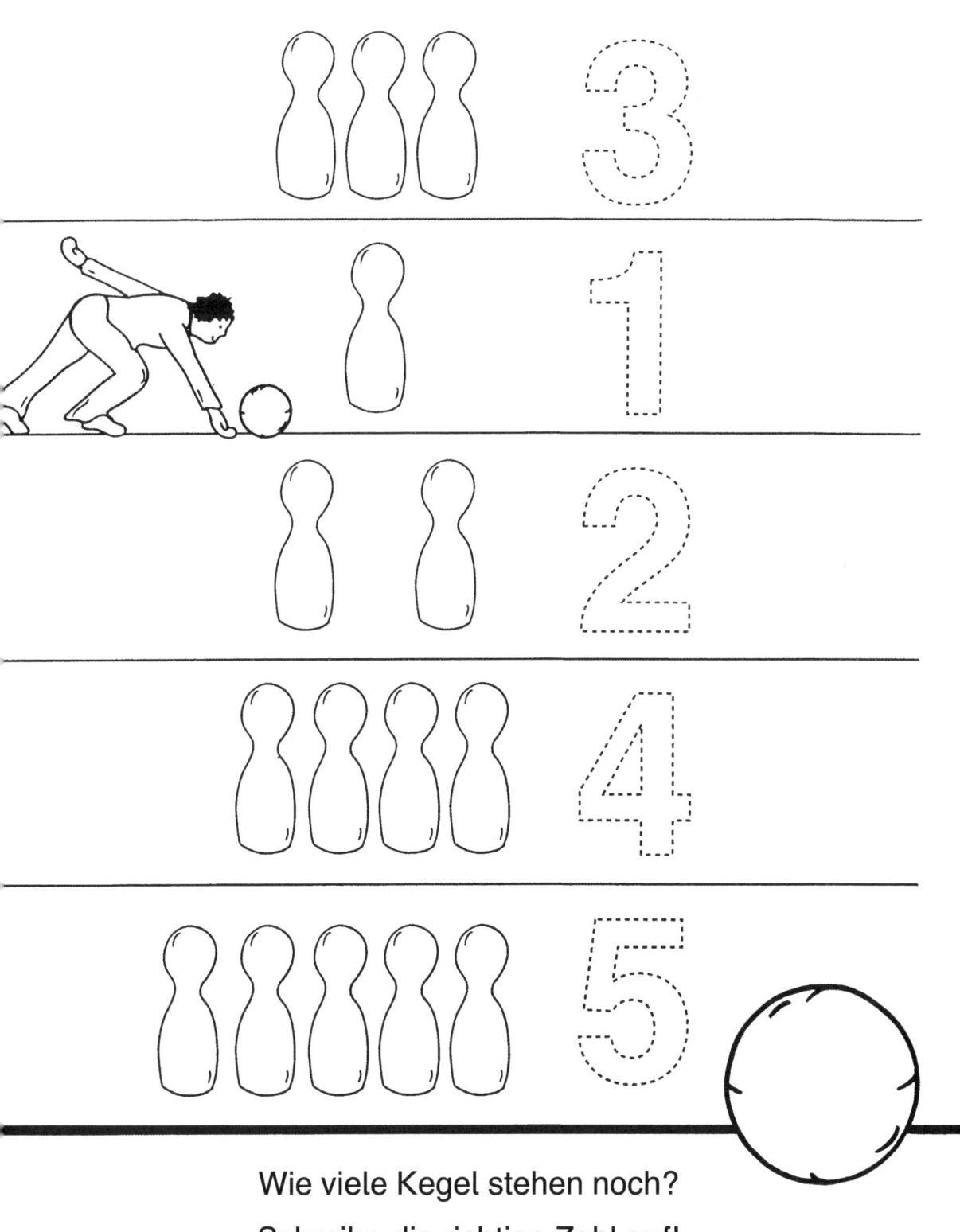

Wie viele Kegel stehen noch?
Schreibe die richtige Zahl auf!

Welches Bild passt zur Zahl?

Male es aus!

Wie viele Autos parken hier?

Kreuze die richtige Zahl an!

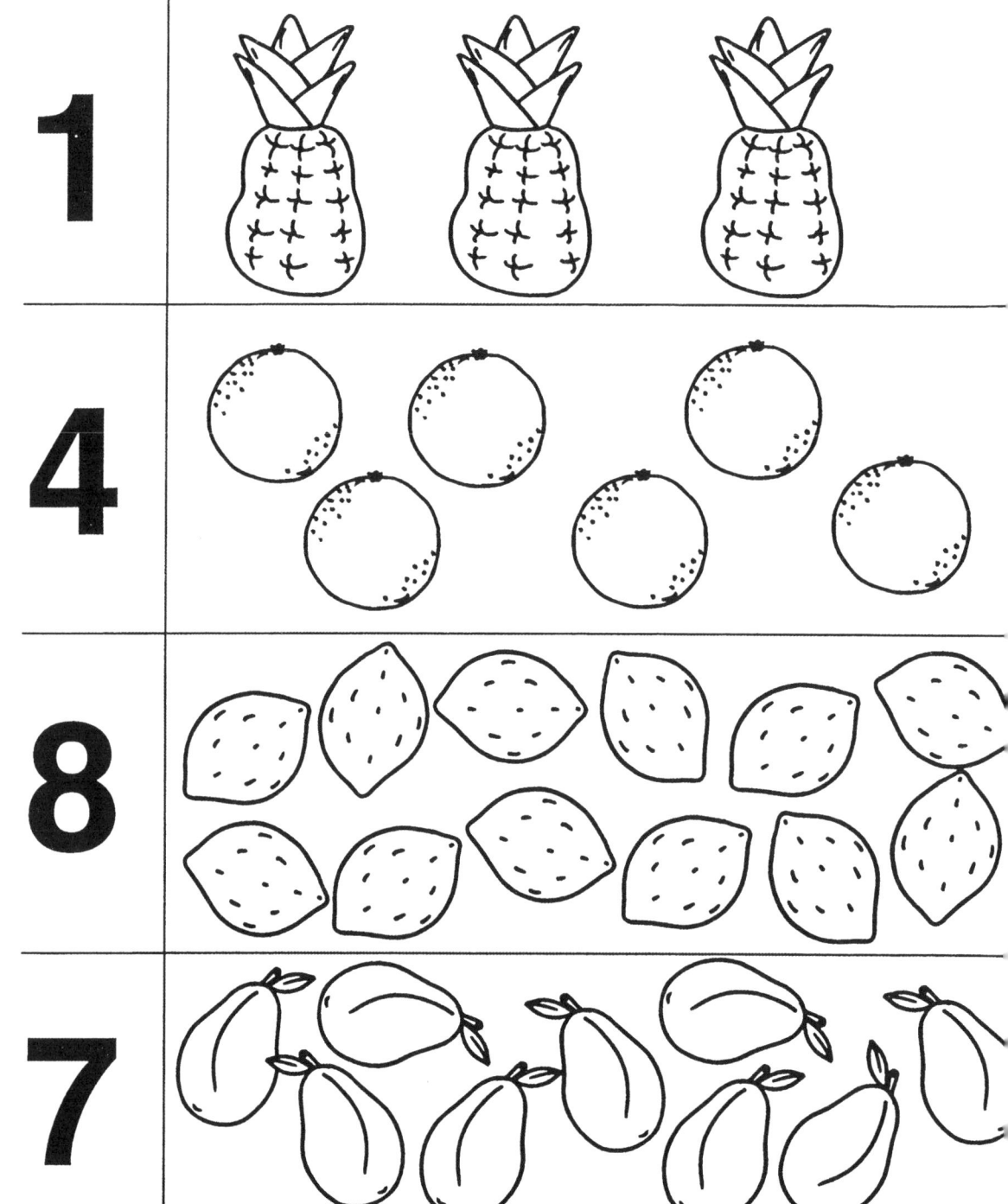

Male so viele Dinge aus, wie die Zahl anzeigt!

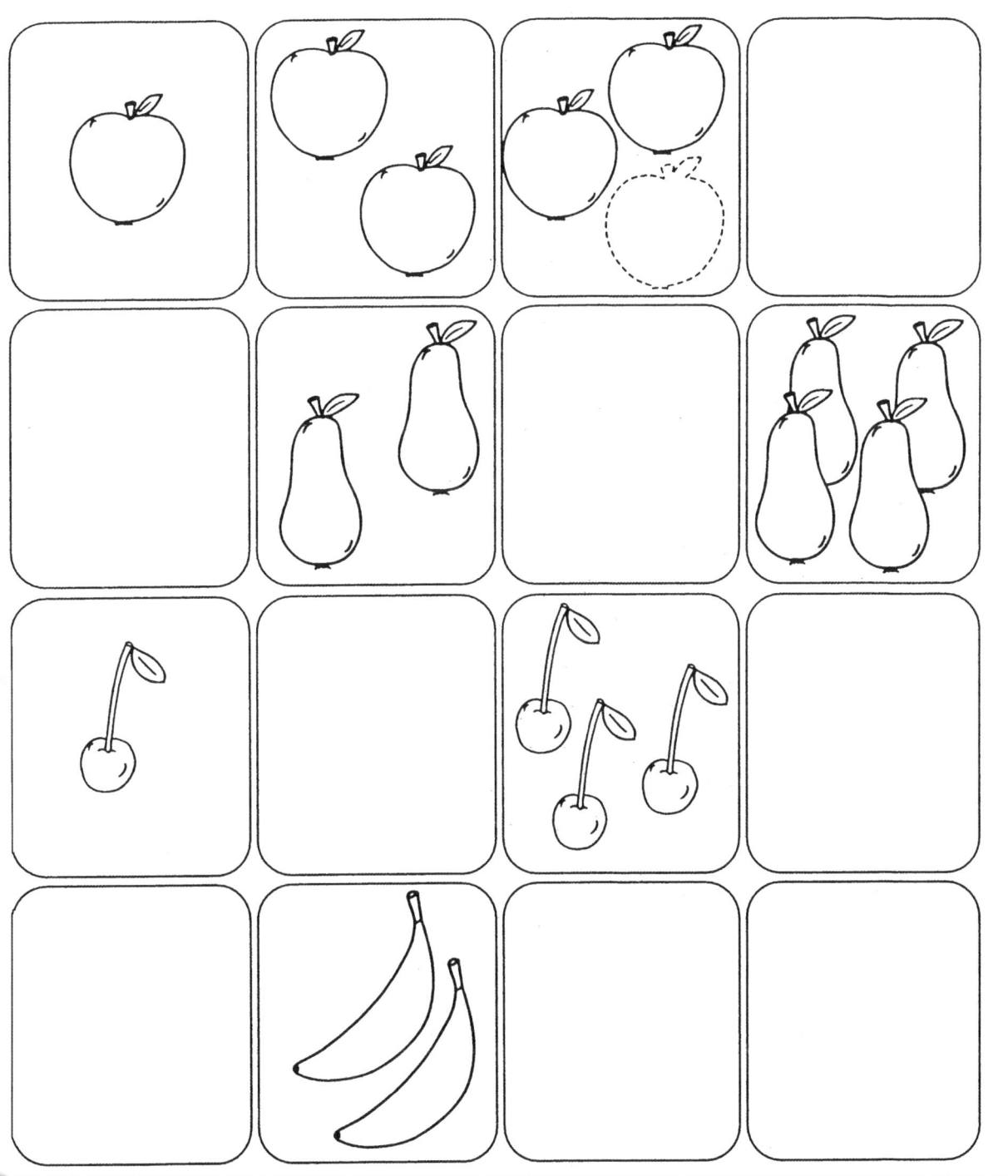

Immer 1 mehr! Male dazu, was fehlt!

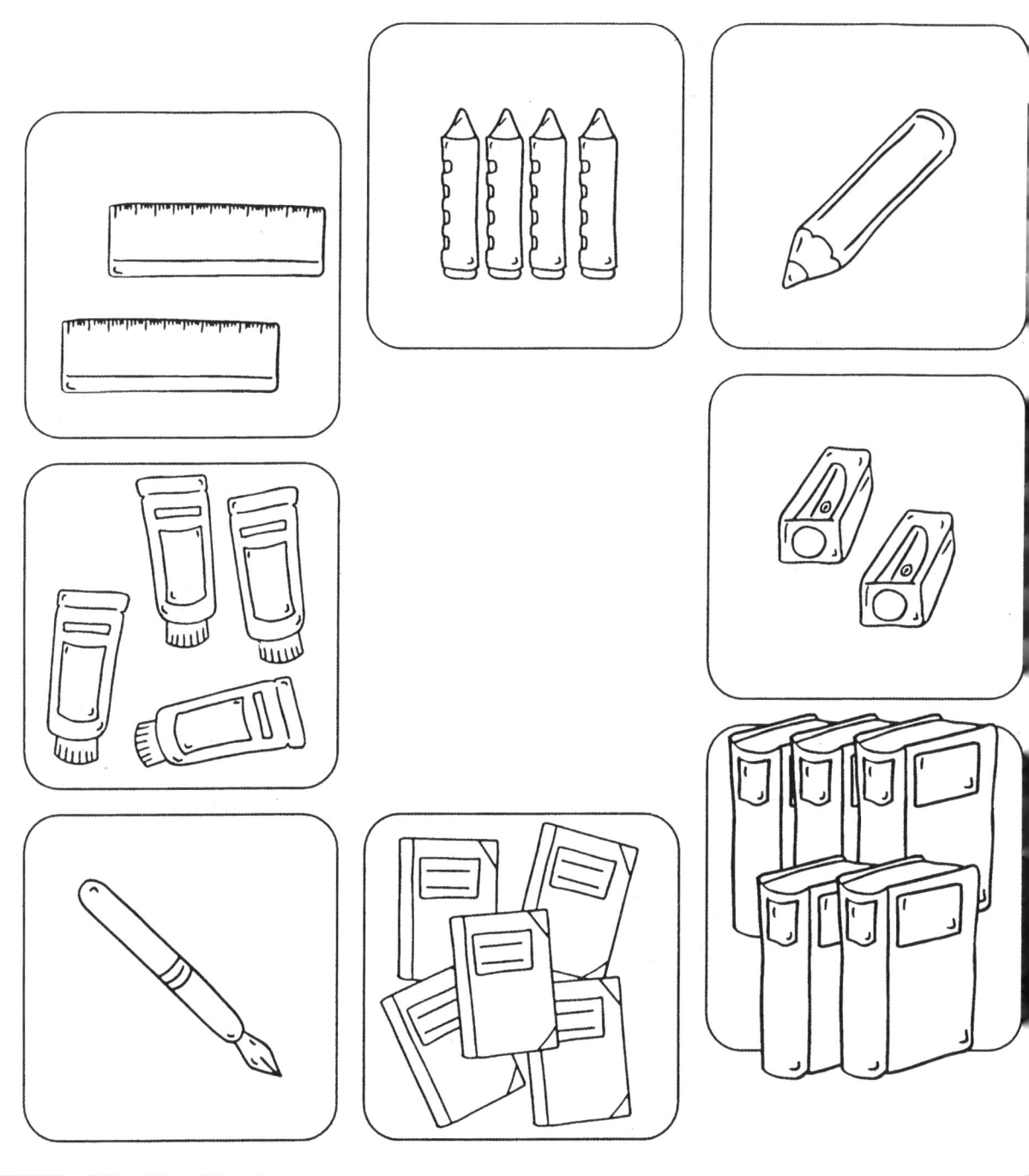

Immer gleich viele Dinge gehören zusammen.

Verbinde!

Erstes Wissen und logisches Denken

Welches Werkzeug wird hier gebraucht?

Verbinde mit einer geraden Linie.

Sieh dir diese Dinge an. Was passt nicht dazu?
Streiche es durch.

Im Mäppchen ist ein Ding, das nicht hineingehört.
Streiche es durch.

Zu wem gehören diese Sportgeräte?
Verbinde mit einer geraden Linie.

Wer braucht welches Sportgerät?
Verbinde mit einer geraden Linie.

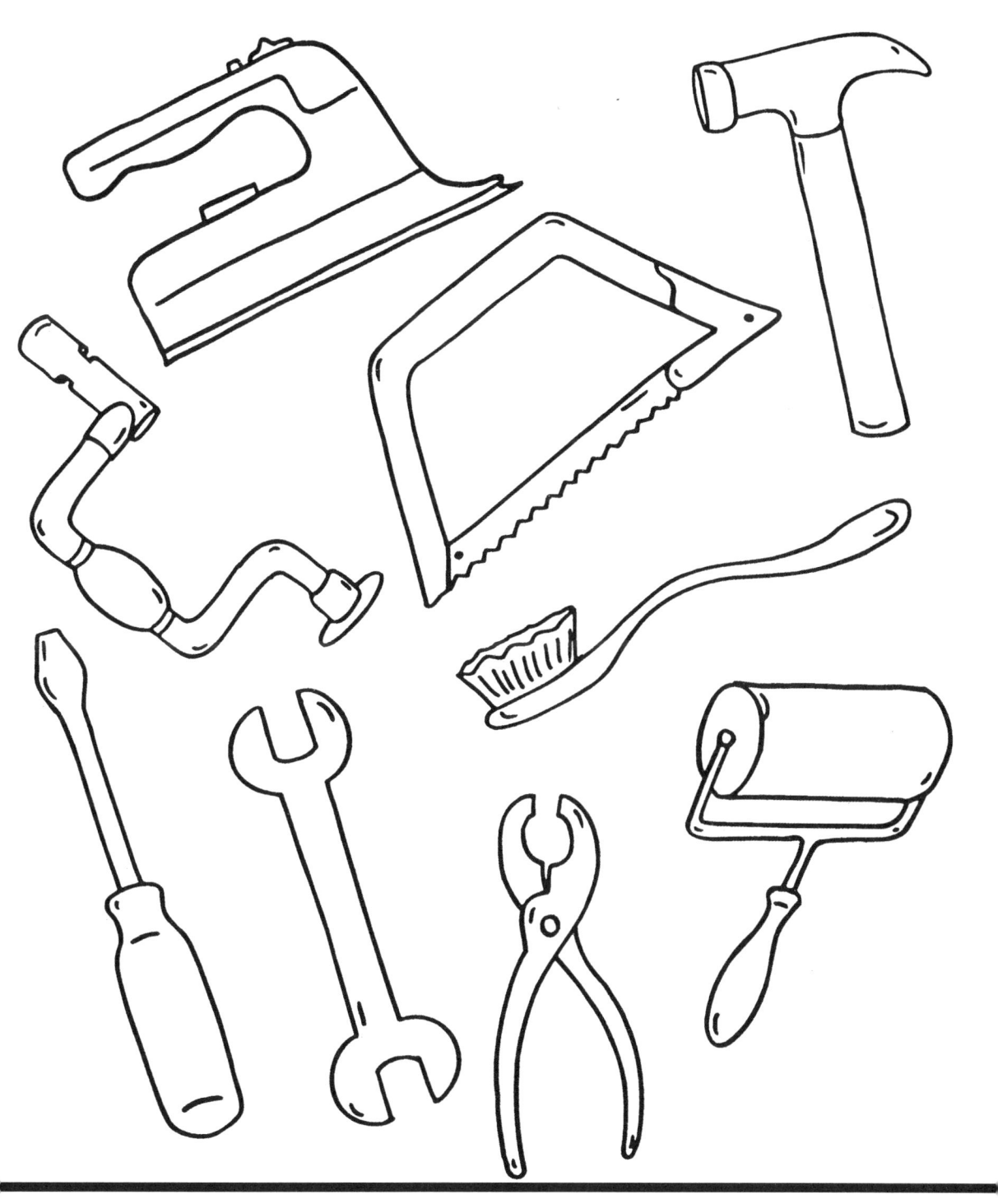

Hier haben sich falsche Sachen eingeschlichen.
Streiche sie durch!

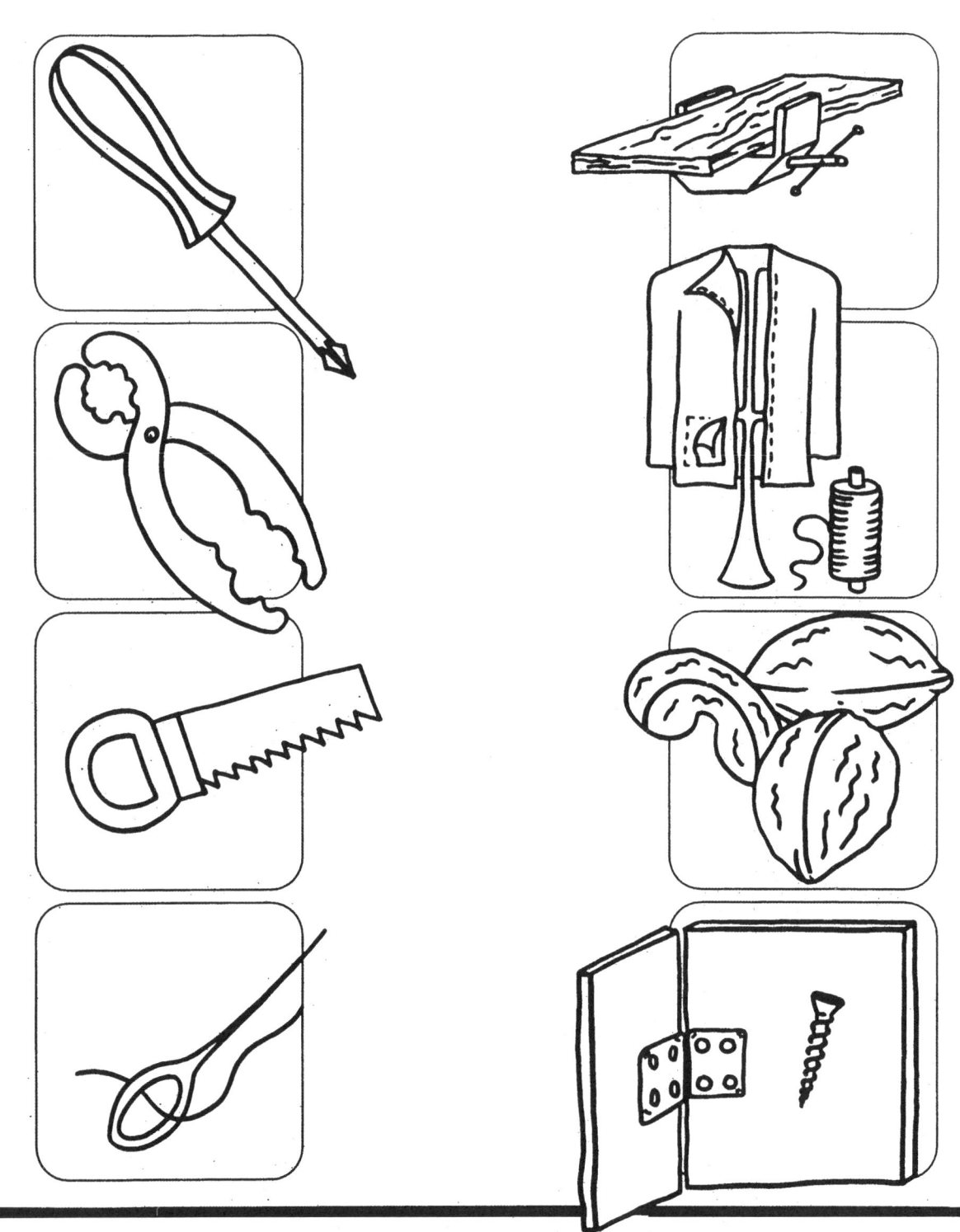

Welches Werkzeug wird hier gebraucht?
Verbinde mit einer geraden Linie.

Male alle Tiere bunt an, die im Meer leben.

Welche Tiere passen nicht dazu?

In jeder Reihe passt etwas nicht dazu.

Streiche es durch.

Schreibspiele:
Die Zahlen

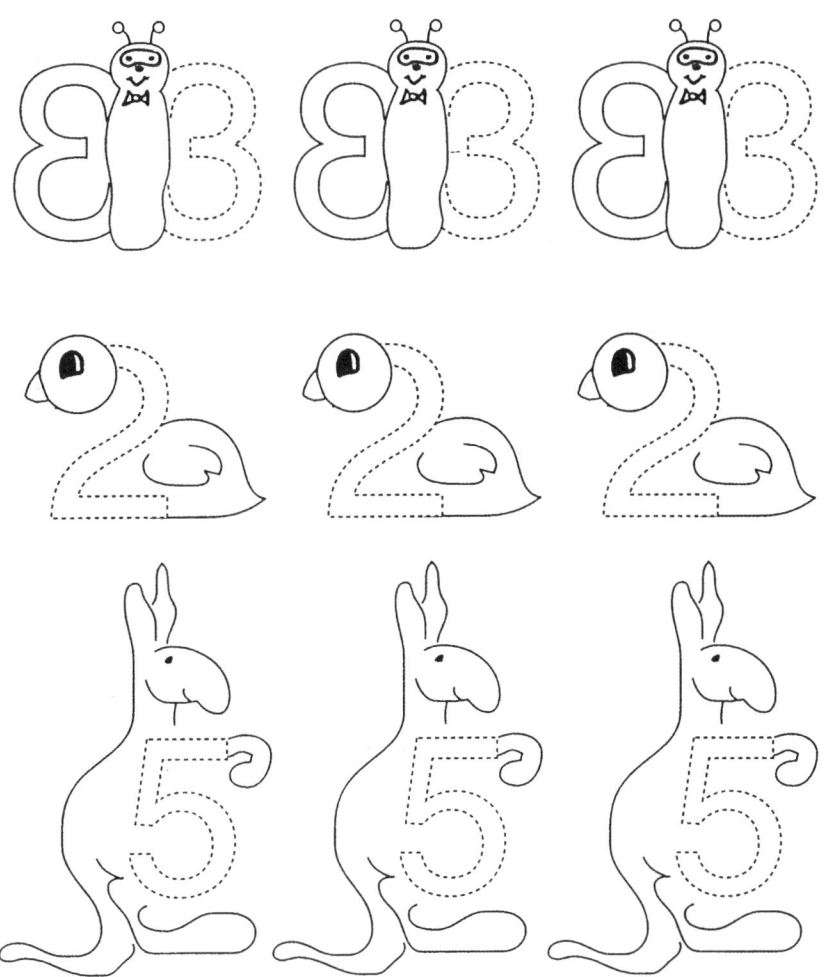

Übe dich im Zahlenschreiben.

Nimm deine bunten Stifte und folge den Pfeilen!

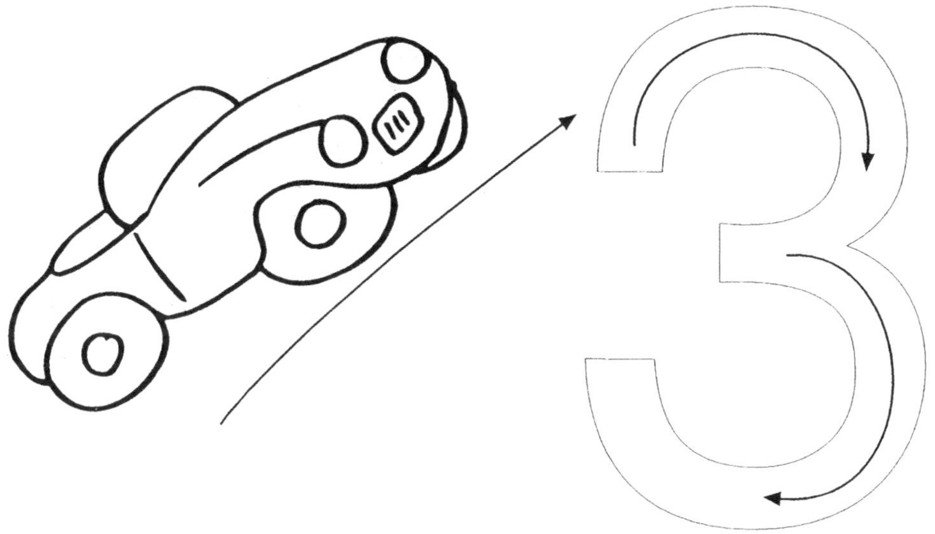

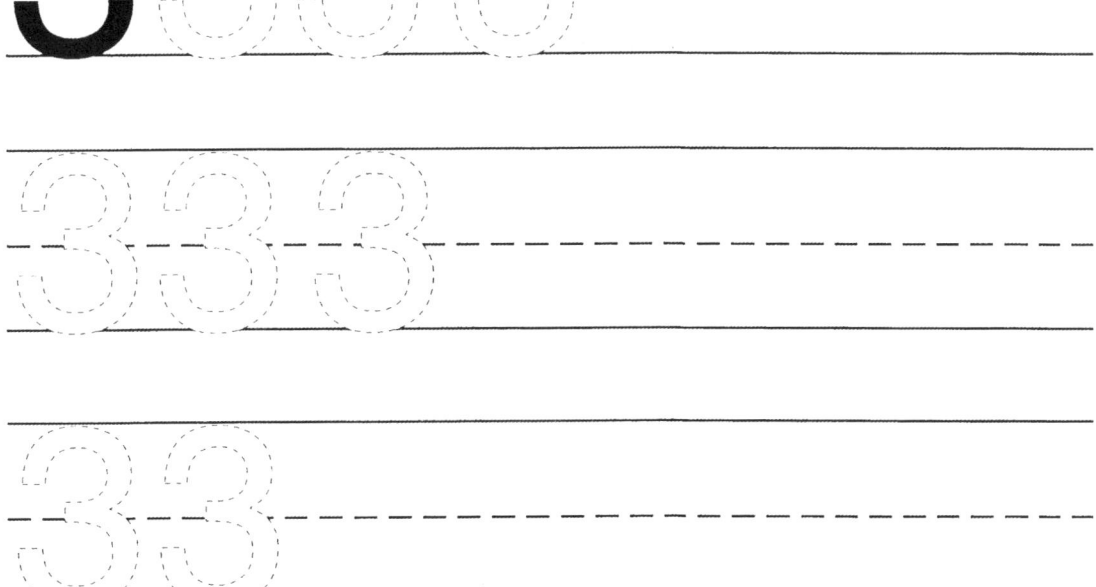

Übe dich im Zahlenschreiben.

Nimm deine bunten Stifte und folge den Pfeilen!

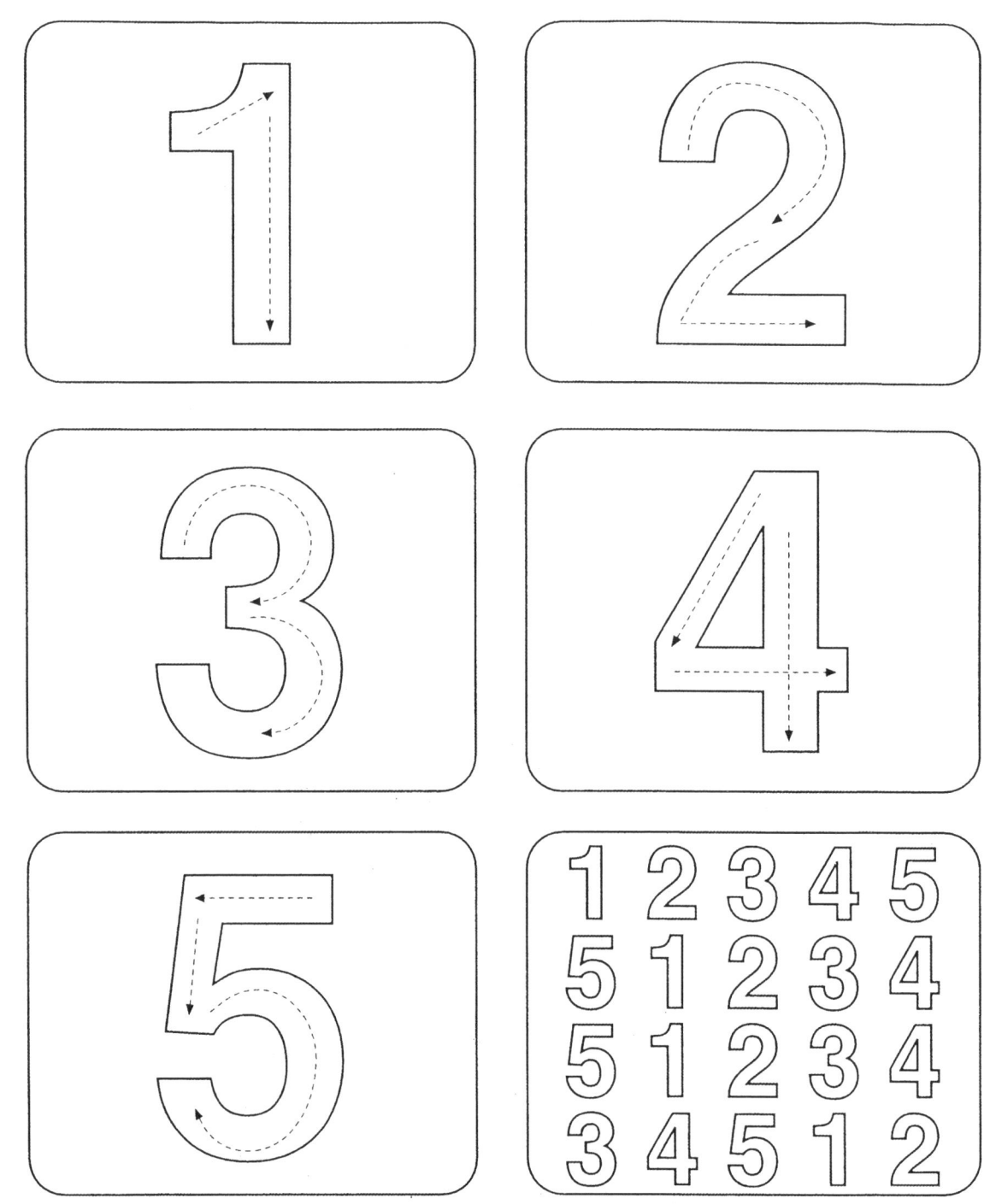

Kannst du schon die Zahlen schreiben?

Folge mit vielen bunten Stiften den Pfeilen!

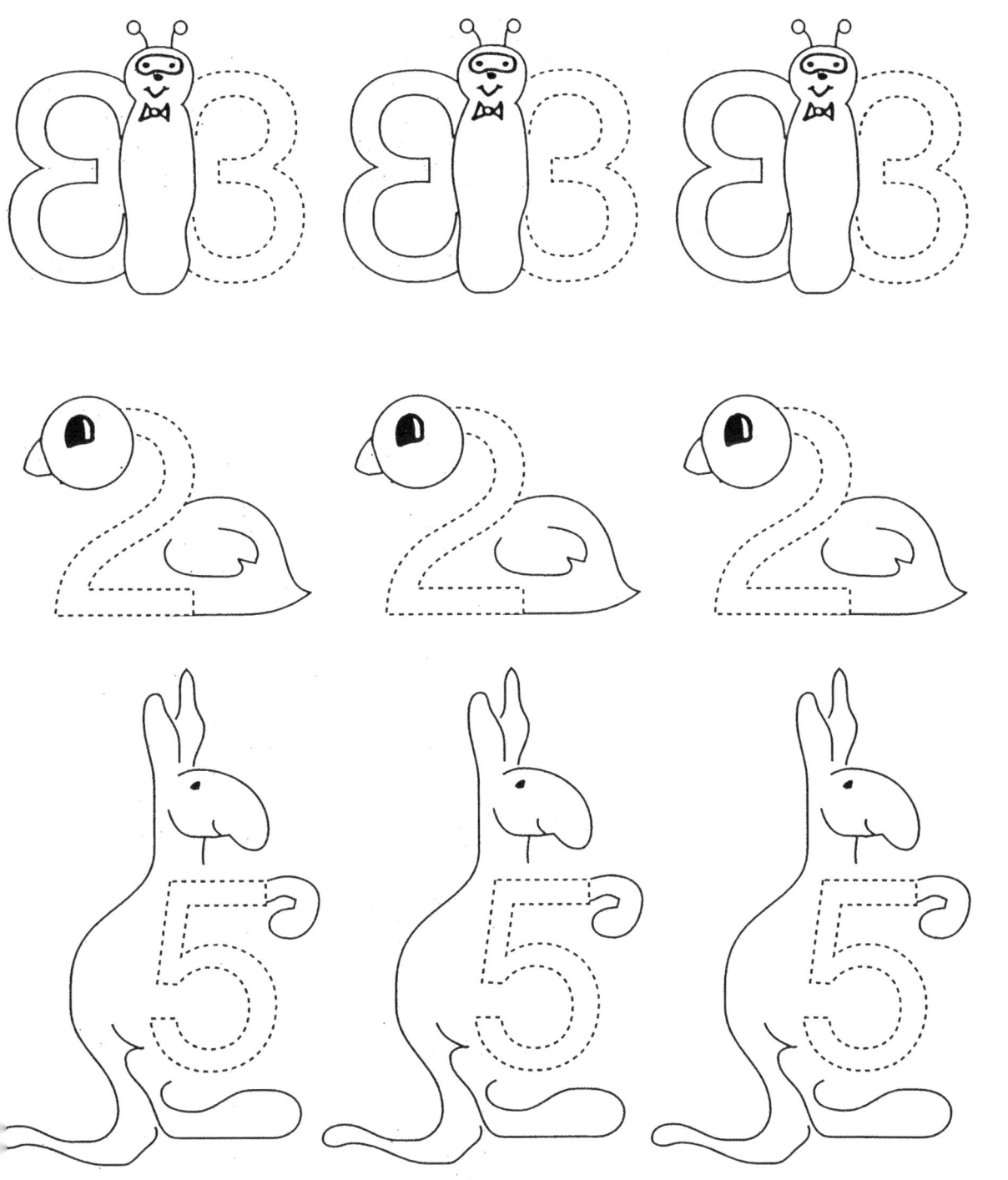

Übe dich im Zahlenschreiben.

Übe dich im Zahlenschreiben.

Nimm deine bunten Stifte und folge den Pfeilen!

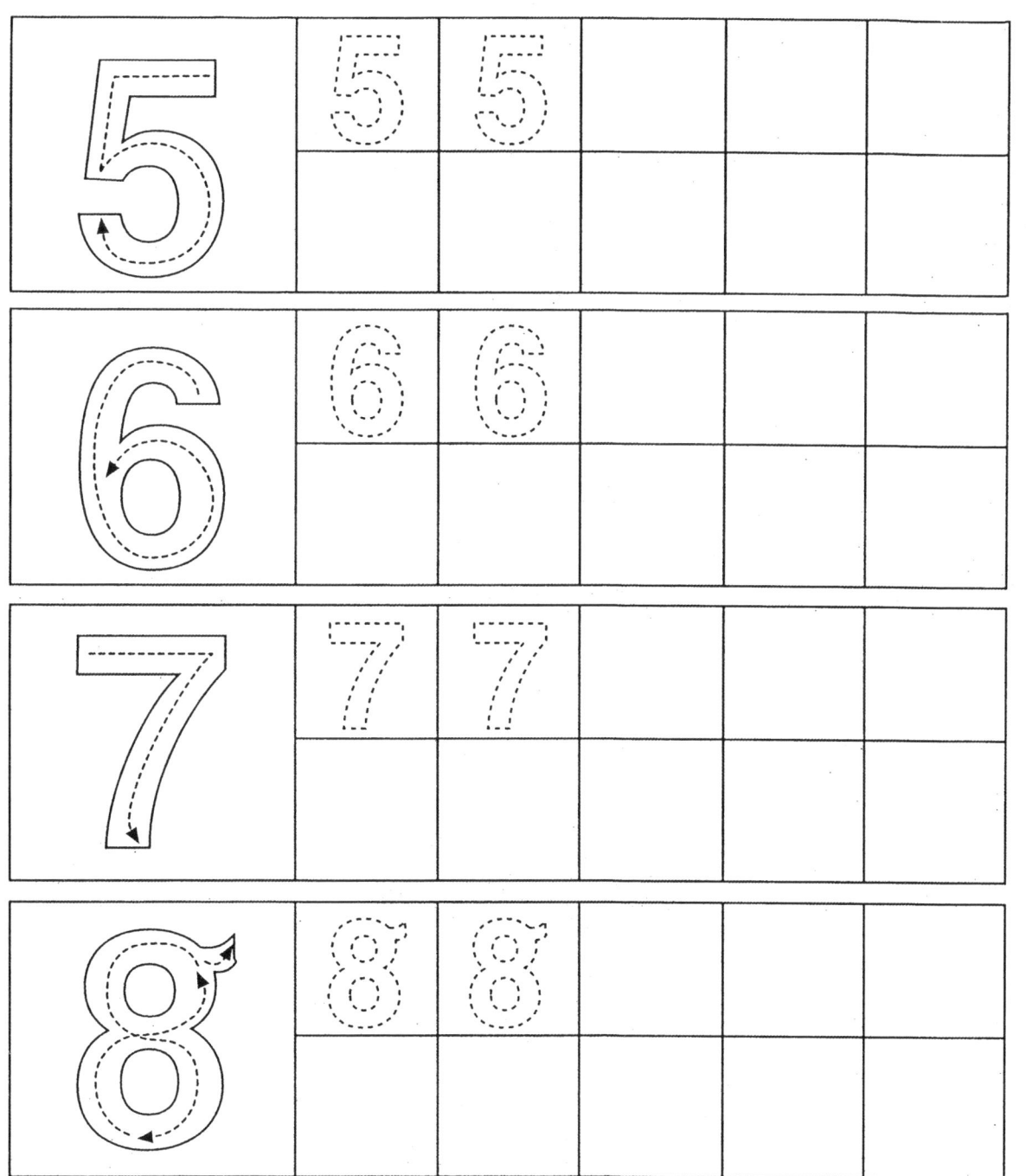

Kannst du schon die Zahlen schreiben?

Fahre die Pfeile genau nach!

Übe dich im Zahlenschreiben.

Malspiele und Übungen zur Förderung der Feinmotorik

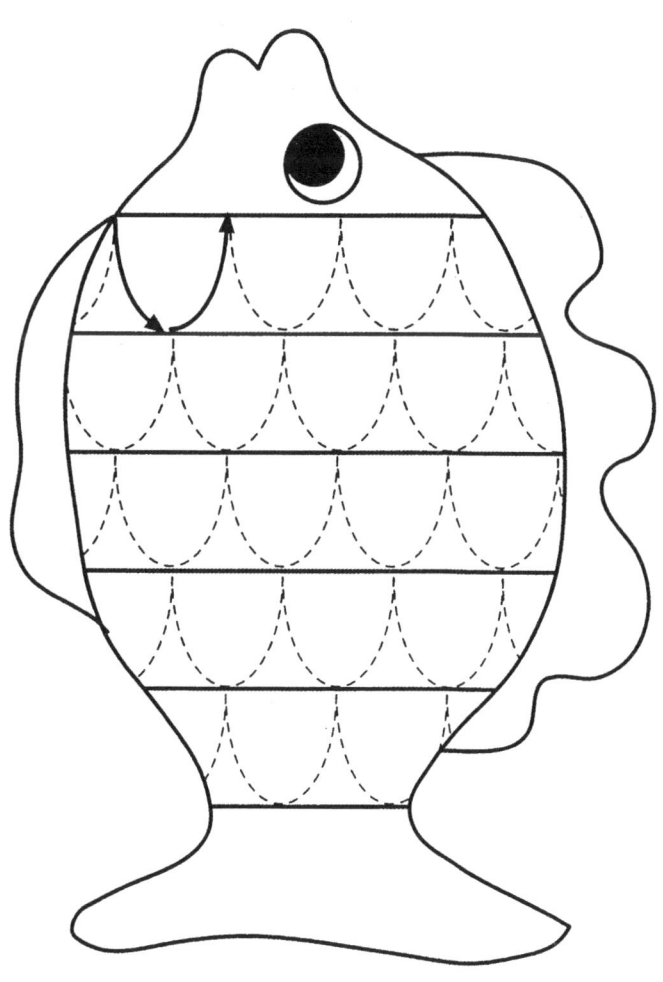

Male das Bild fertig!

Folge den gestrichelten Linien mit dem Stift!

Male das Bild fertig!
Folge den gestrichelten Linien mit dem Stift!

Der kleine Bär geht duschen.

Male ihm die Wasserstrahlen!

Den Fahrzeugen fehlen die Räder.

Male sie dazu! Folge dabei den Pfeilen!

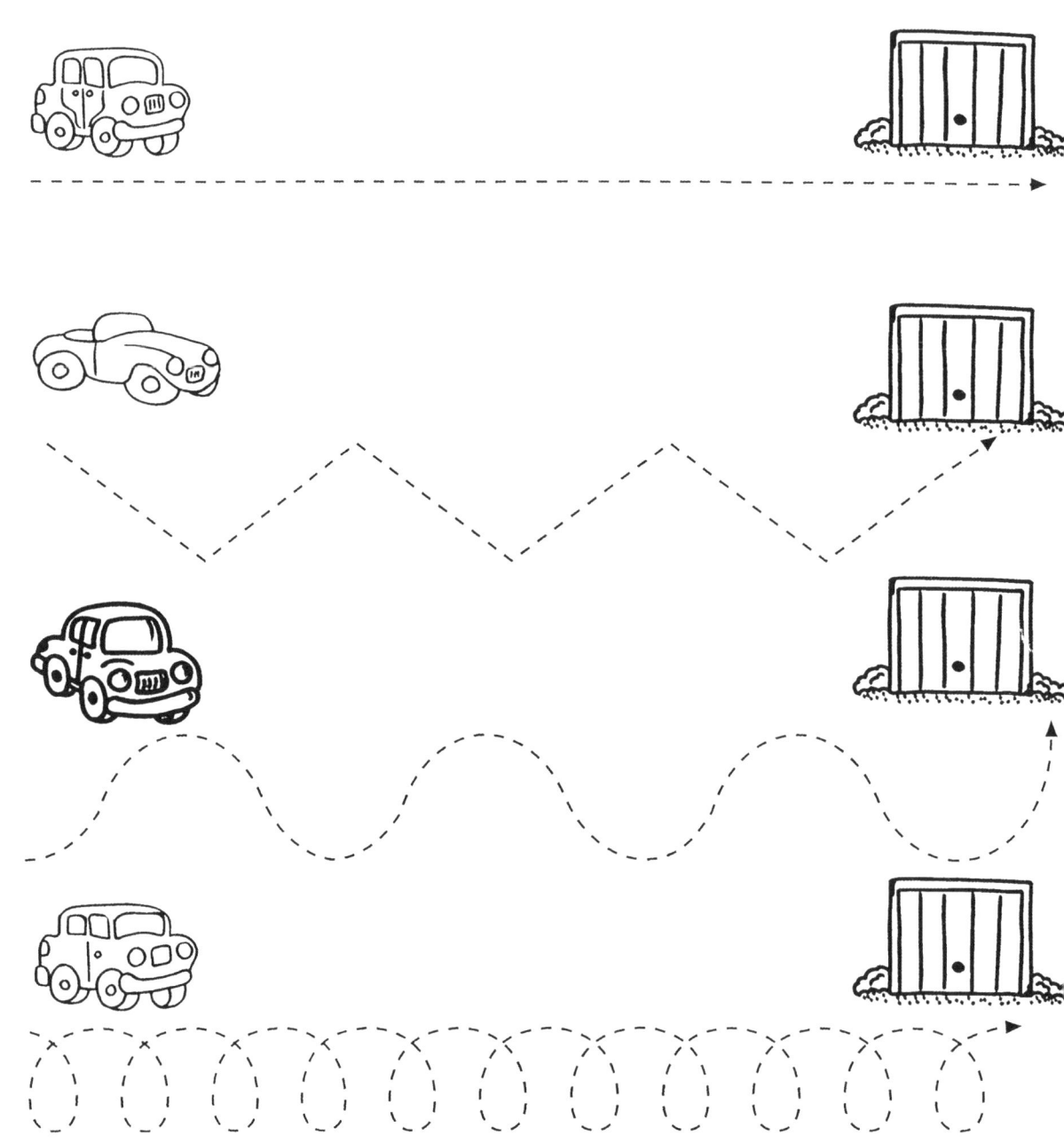

Wie fährt jedes Auto in die Garage?
Folge dem Pfeil und der Spur!

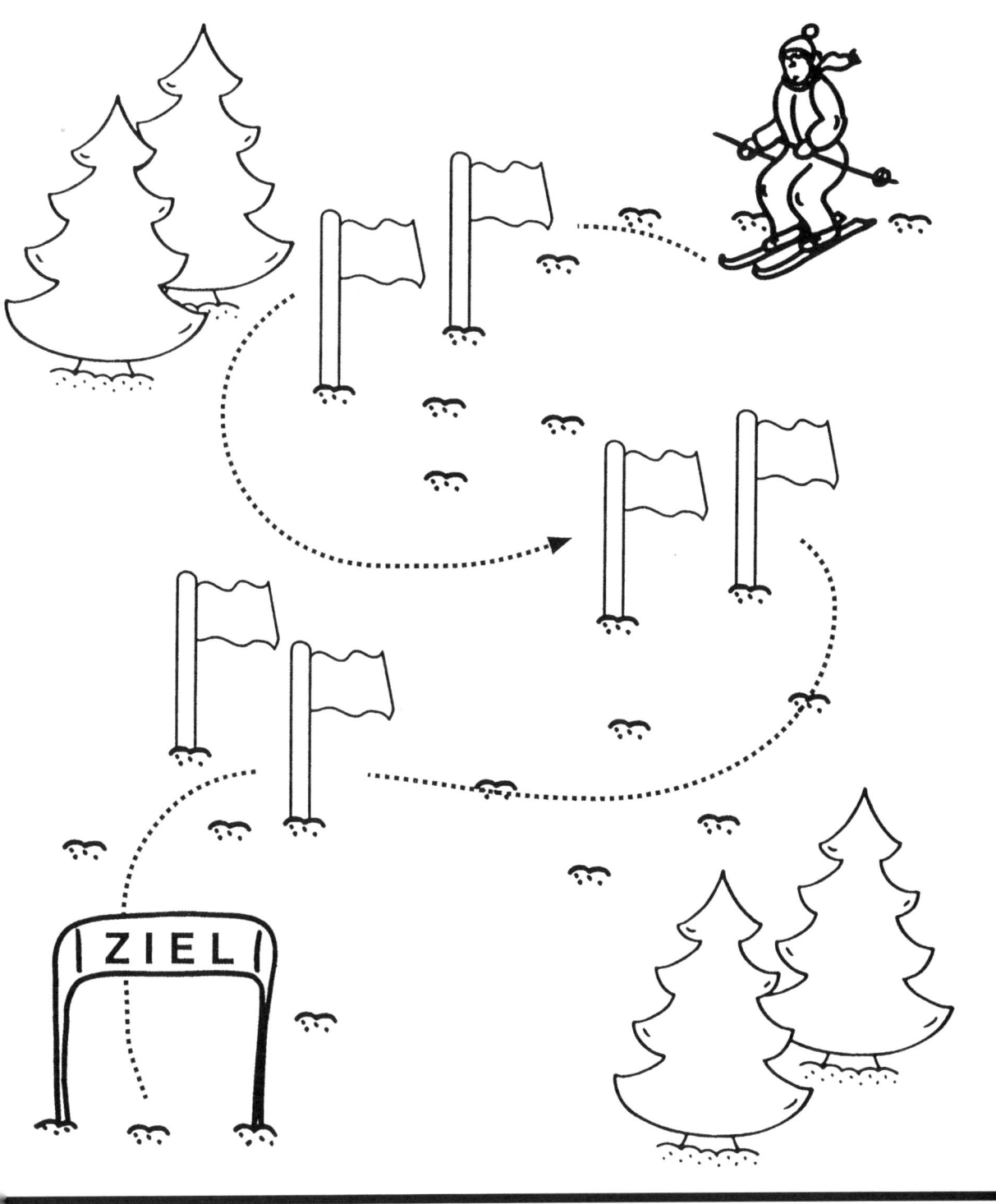

Der Skifahrer fährt Slalom.

Zeichne seinen Weg durch die Stangen!

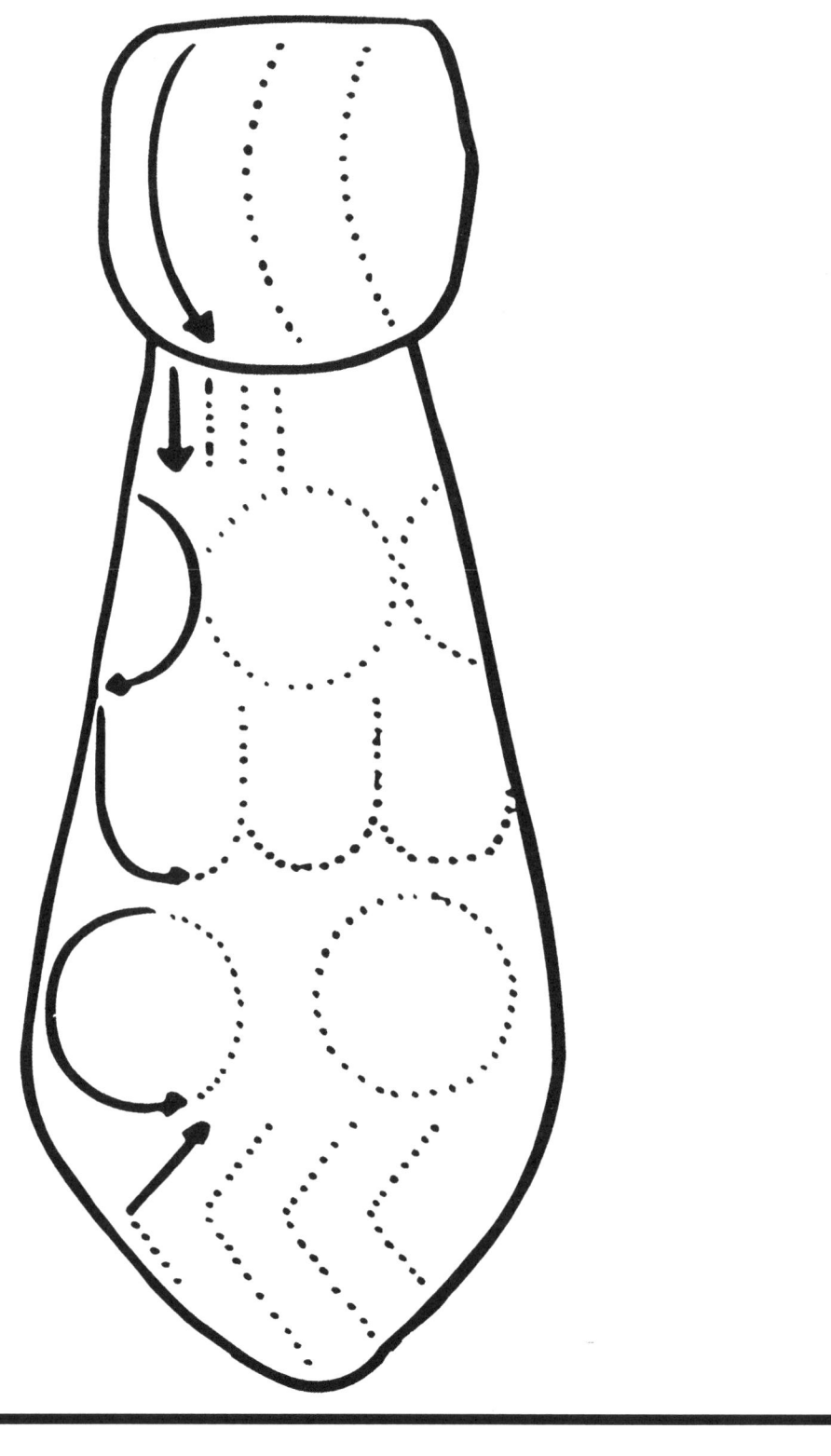

Eine neue Krawatte für Papa.

Male sie fertig! Achte auf die Pfeile!

Ein neues Halstuch für Mama.

Male es fertig!

So lernst du schreiben:
Spure die gestrichelten Linien nach
und probiere es dann selbst!

Zahlenspiele

Zähle und male entsprechend
viele Punkte auf die Würfel!

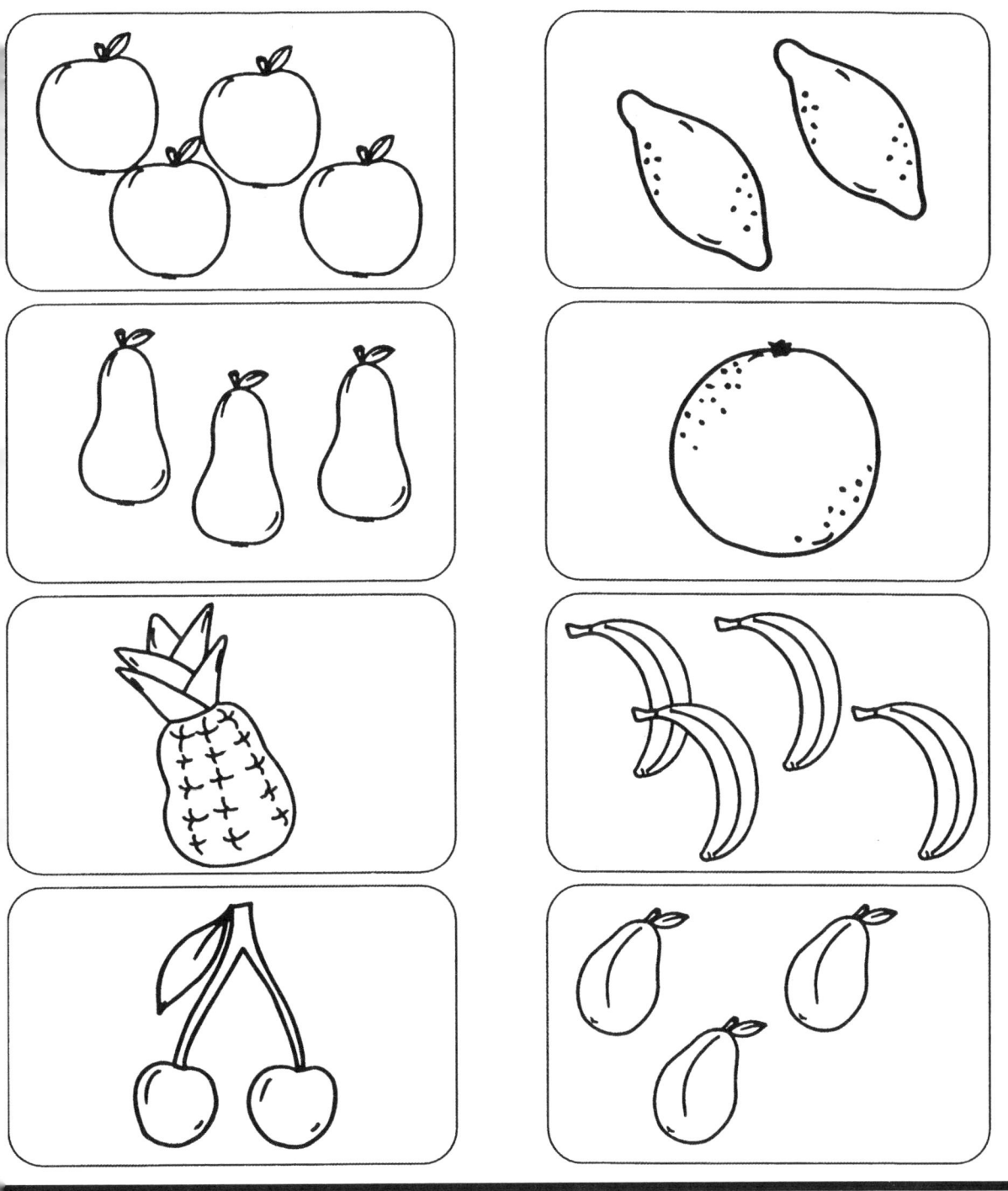

Gleich viele? Verbinde jeweils zwei Kästen mit der gleichen Anzahl von Dingen!

Was passt zusammen? Suche immer die gleiche Anzahl von Dingen wie beim ersten Bild. Kreuze an!

Kannst du schon gut zählen?
Kreise immer 3 von jeder Sorte ein!

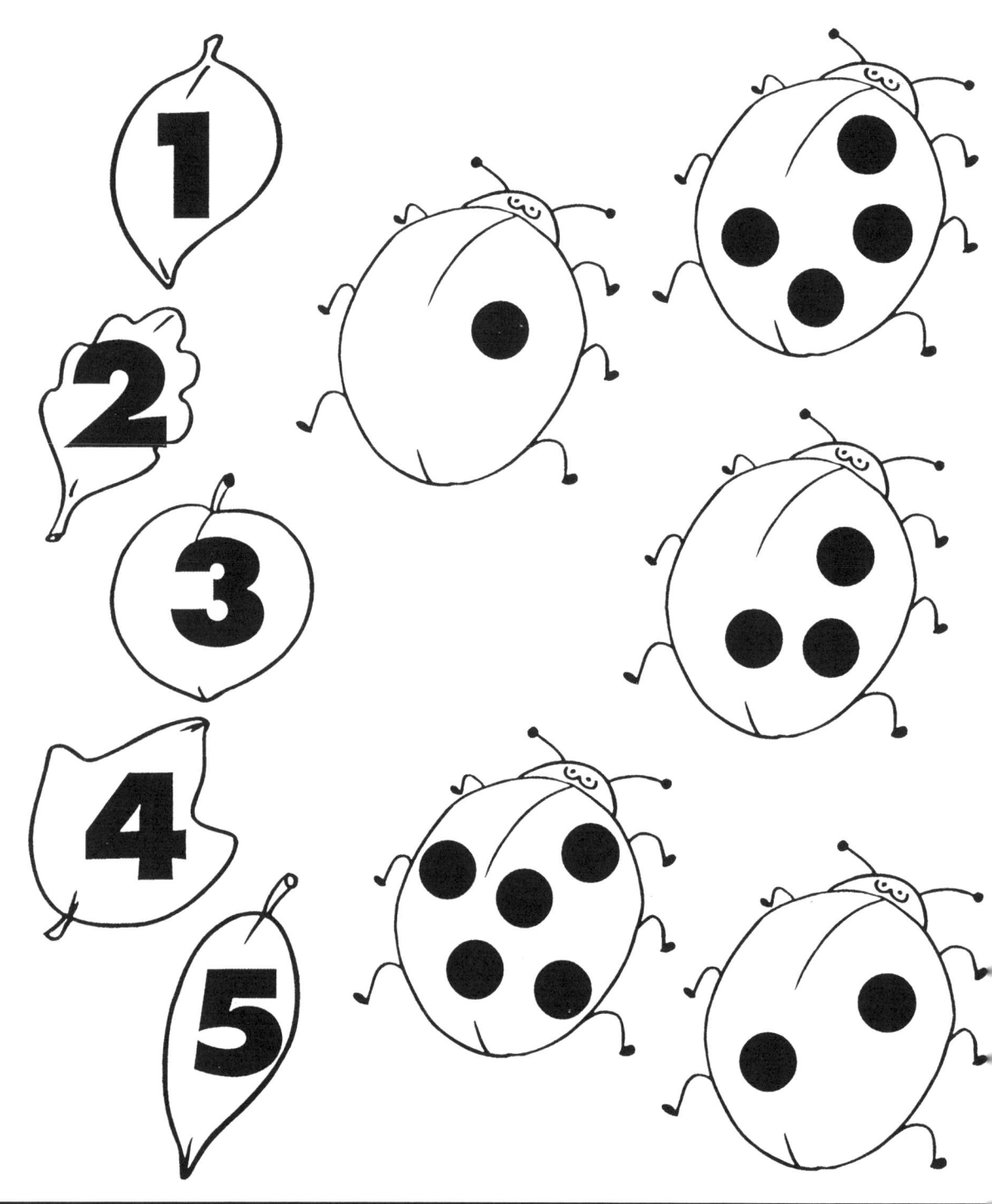

Wie viele Punkte zählst du auf jedem Marienkäfer?

Verbinde jeden Käfer mit seinem Blatt!

Wie viele Luftballons hat jedes Kind?
Verbinde mit der richtigen Zahl!

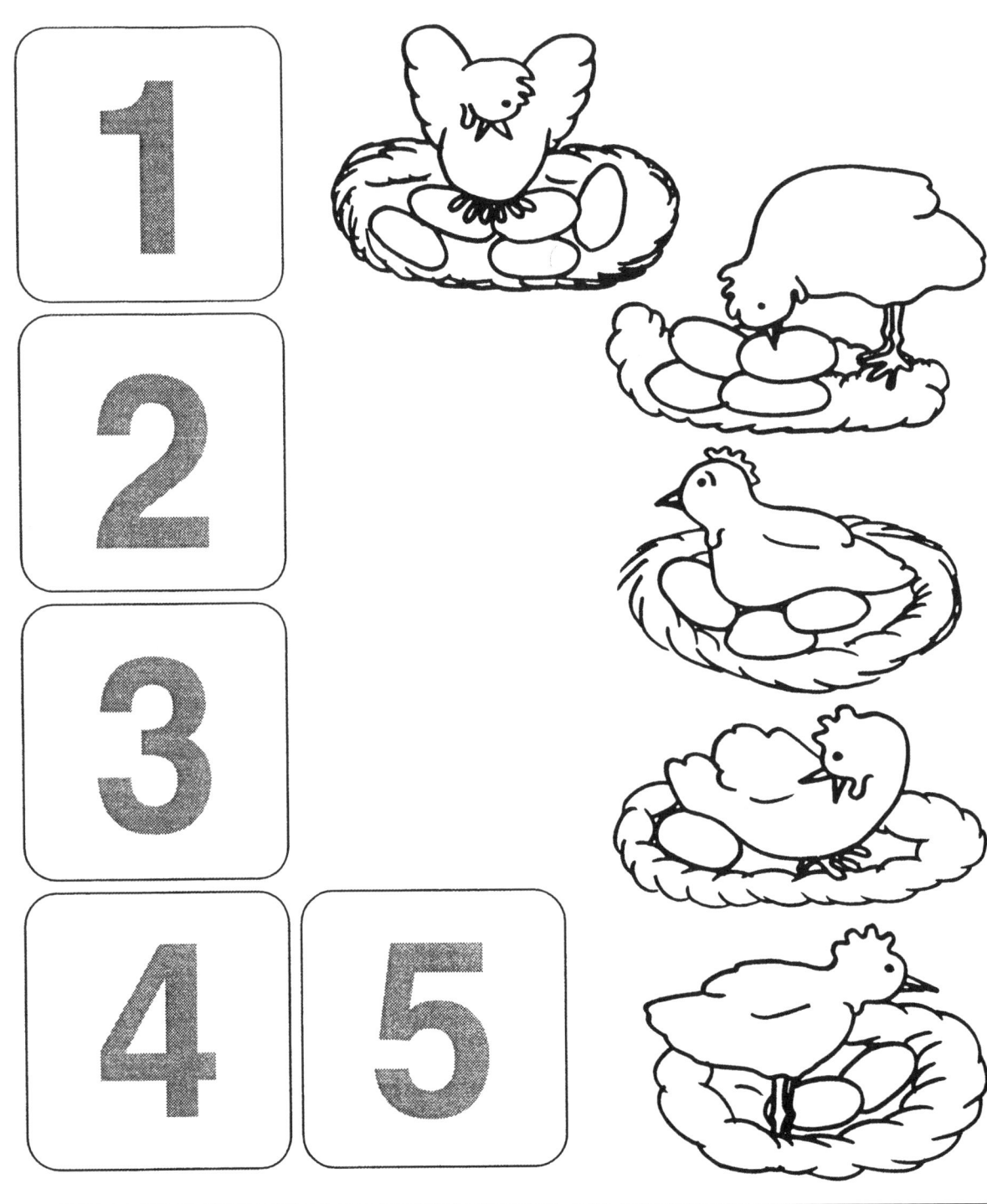

Kannst du schon gut zählen? Wie viele Eier hat jedes Huhn gelegt? Ziehe eine gerade Linie zu der richtigen Zahl.

Male so viele Autos in die Kästchen,

wie die Zahl sagt!

In jeder Reihe sollen so viele Dinge sein, wie die Zahl anzeigt. Ergänze oder streiche durch!

Zähle die Tiere in jedem Kästchen und kreise die richtige Zahl ein!

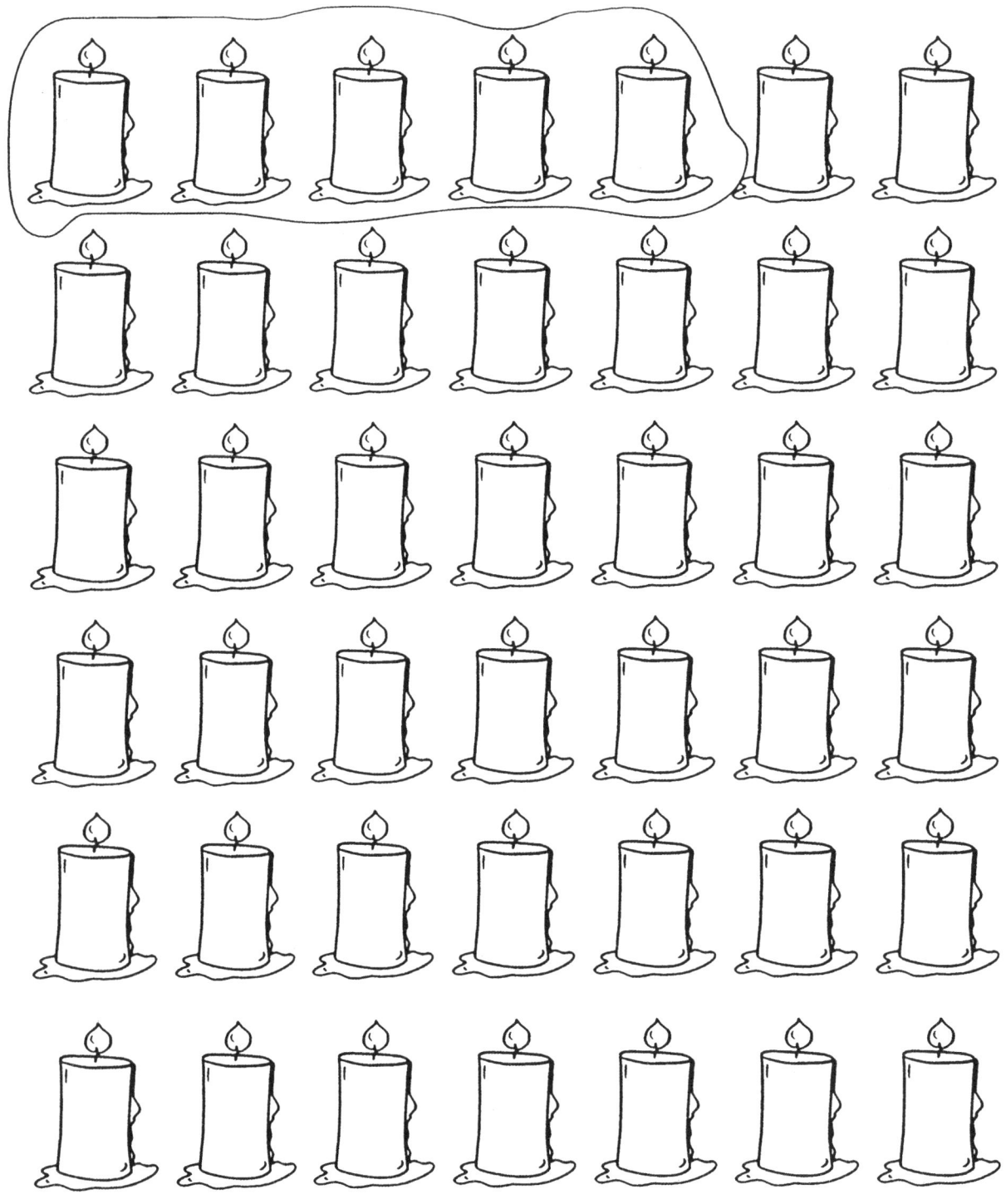

Hilf mit beim Einpacken!

Immer 5 Kerzen sollen in eine Schachtel. Kreise sie ein!

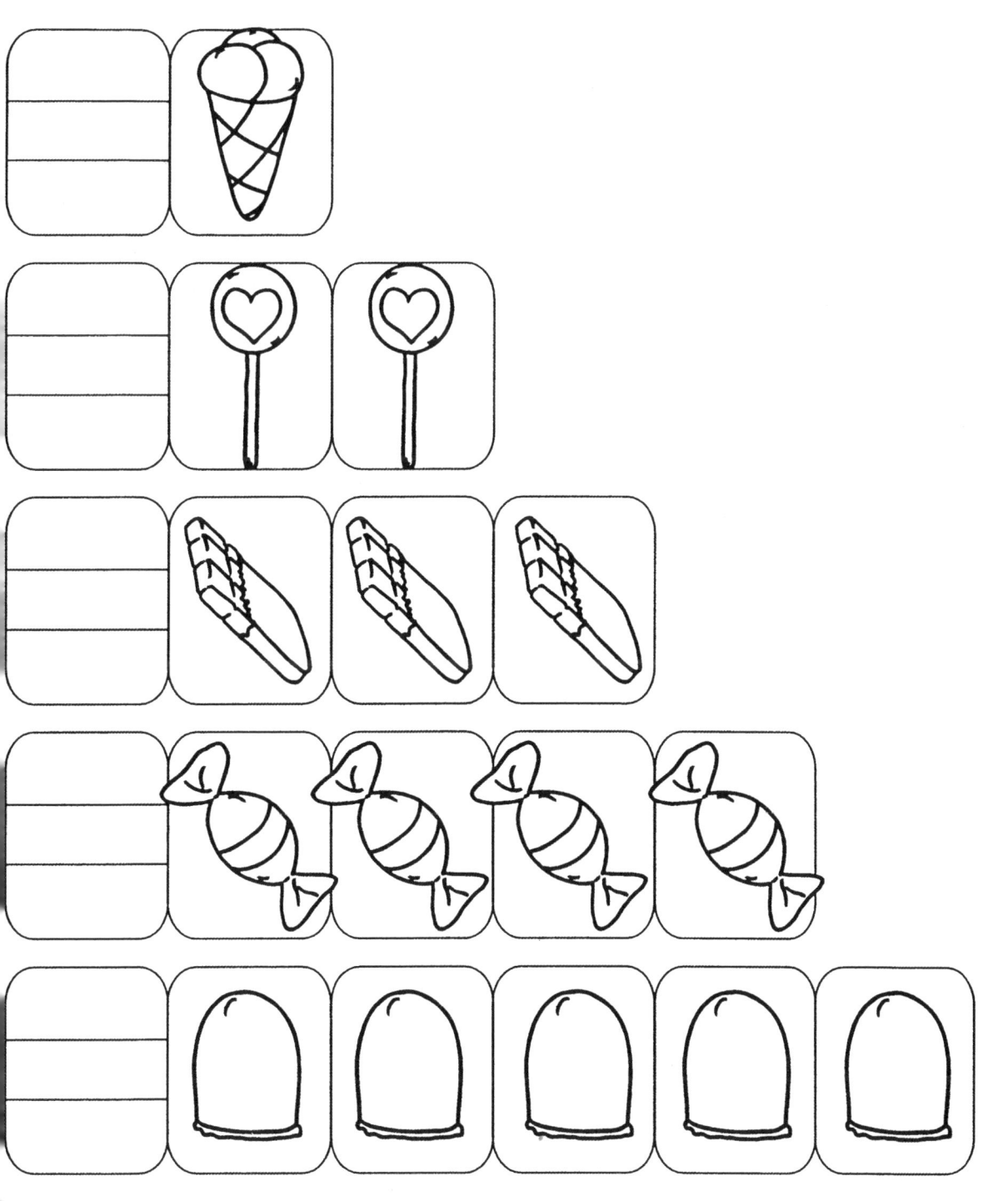

Zähle von 1 bis 5!

Schreibe die richtige Zahl vor die Bilder!

Wie viele Dinge siehst du?

Kreise die richtige Zahl ein!

Zähle die Dinge in jeder Reihe.

Schreibe die richtige Zahl daneben!

Male immer so viele Dinge aus, wie die Zahl im kleinen Kästchen angibt!

Zähle die Tiere in jedem Kästchen und kreise die richtige Zahl ein!

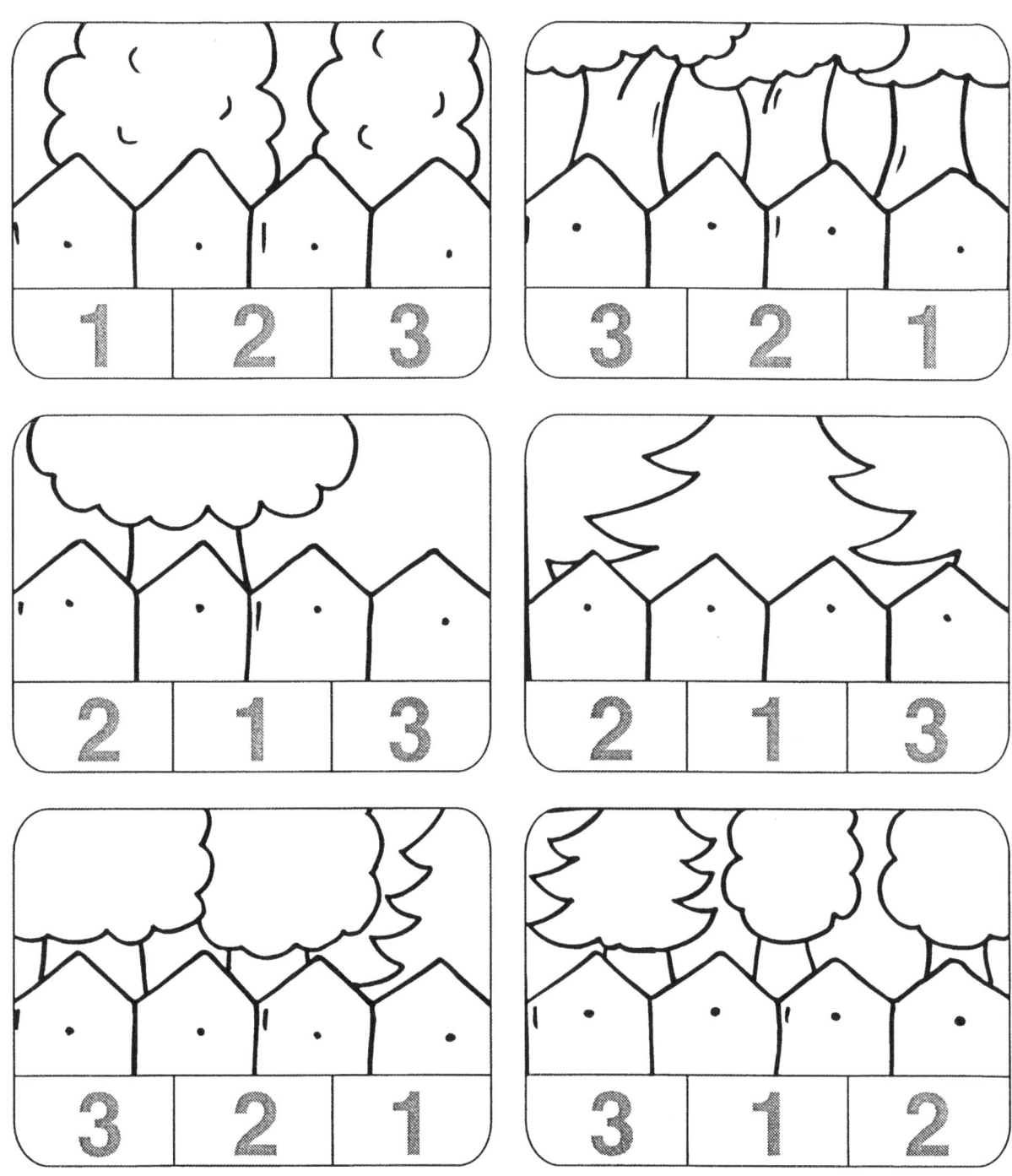

Wie viele Bäume stehen im Garten?

Kreuze die richtige Zahl an!

Buchstabenspiele

Bei welchen Tieren hörst du ein A?

Male sie aus!

Sage laut den Namen dieser Dinge.

Welche beginnen mit B? Male sie bunt aus!

Lösung: Kuh

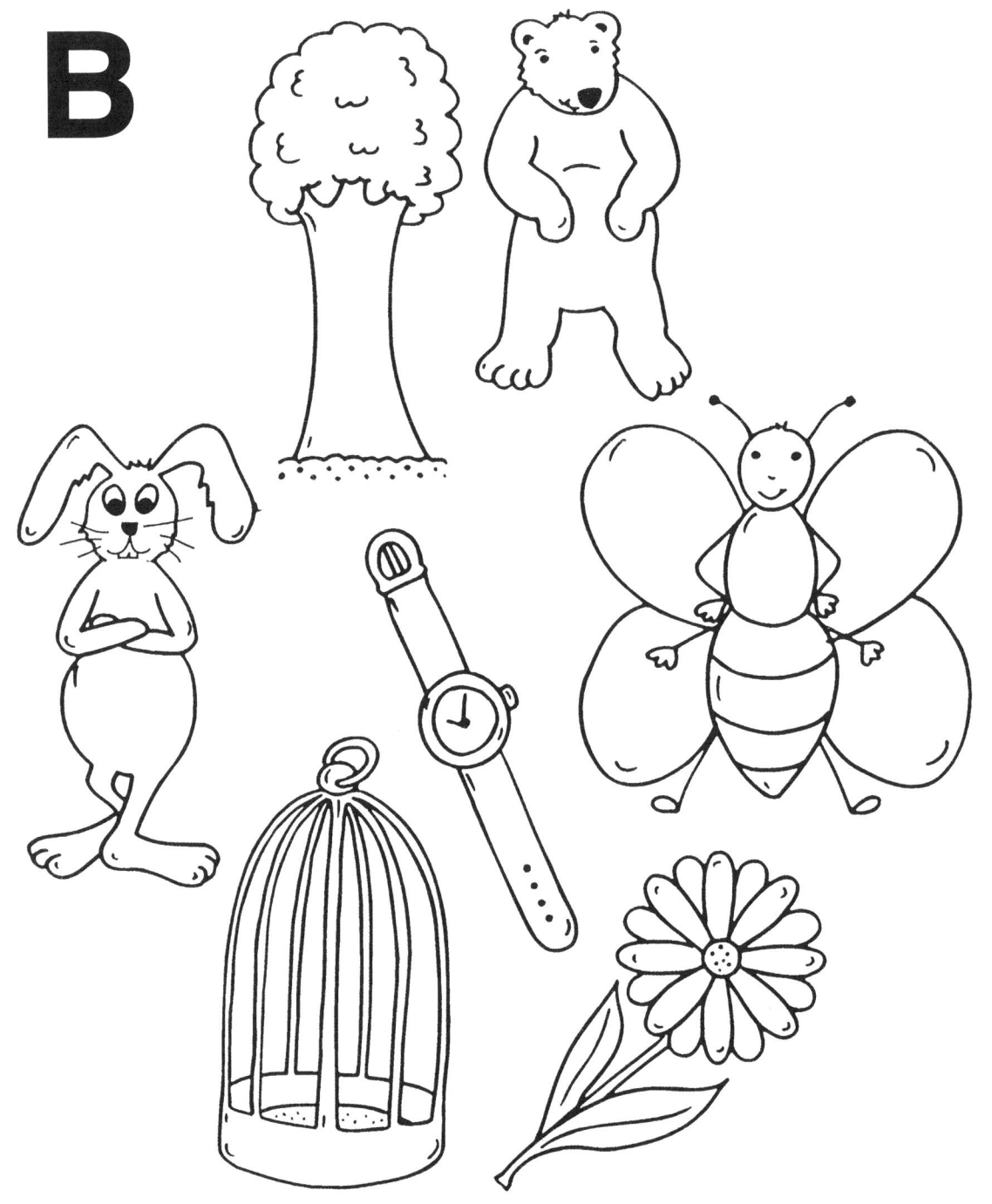

Wo hörst du ein B?
Male diese Dinge aus! Drei Dinge bleiben übrig –
die Anfangsbuchstaben ergeben ein Tier.

An welcher Stelle im Wort hörst du ein G:
am Anfang, in der Mitte oder am Ende? Kreuze an.

Lösung: Hase

Wo hörst du ein K am Anfang? Male diese Dinge aus!
Vier Dinge bleiben übrig –
die Anfangsbuchstaben ergeben ein Tier.

K  k

Wo hörst du ein K: vorne, in der Mitte oder hinten?
Kreuze richtig an!

Wo hörst du das M: vorne, in der Mitte oder hinten?
Kreuze richtig an!

Wo hörst du das M: vorne, in der Mitte oder hinten?
Kreuze richtig an!

Wo hörst du das N: vorne, in der Mitte oder hinten?
Kreuze richtig an!

Wo hörst du das O: vorne, in der Mitte oder hinten?
Kreuze richtig an!

Wo hörst du das P:
vorne, in der Mitte oder hinten?
Kreuze richtig an!

Sage laut die Namen dieser Dinge.

Welche beginnen mit „R"? Male sie bunt an.

Lauter Wörter mit Sch. Sprich sie laut.

Welches Wort passt nicht dazu? Streiche es durch!

Wo hörst du ein Sch/sch:

vorne, in der Mitte oder am Ende? Kreuze richtig an!

Sage laut die Namen dieser Dinge.

Welche beginnen mit „T"? Male sie bunt an.

Falsches Bild: Auto

Ei ei

Sage laut die Namen dieser Dinge. In welchen Wörtern hörst du ein Ei/ei? Male die richtigen Bilder aus! Was passt nicht dazu?

Wo hörst du ein F: vorne, in der Mitte oder hinten?
Kreuze richtig an!

Immer zwei Wörter beginnen mit dem gleichen Buchstaben.
Verbinde sie!

Immer zwei Wörter beginnen mit dem gleichen Buchstaben.
Verbinde sie!

Lösungen: D, Eis / K, Fahrrad / R, Hose.

**Vier Dinge beginnen mit dem gleichen Buchstaben.
Finde ihn heraus! Welches Bild passt nicht dazu?**

Lösungen: Bett / Rose / Hase / Schirm

Die Wörter beginnen mit dem gleichen Buchstaben.
Ein Bild passt nicht dazu. Welches?

Immer zwei Stifte sind gleich.

Male sie in einer Farbe aus.

Immer zwei Schals sind gleich.

Male sie in der gleichen Farbe aus.

Beobachtungs- und Konzentrationsspiele

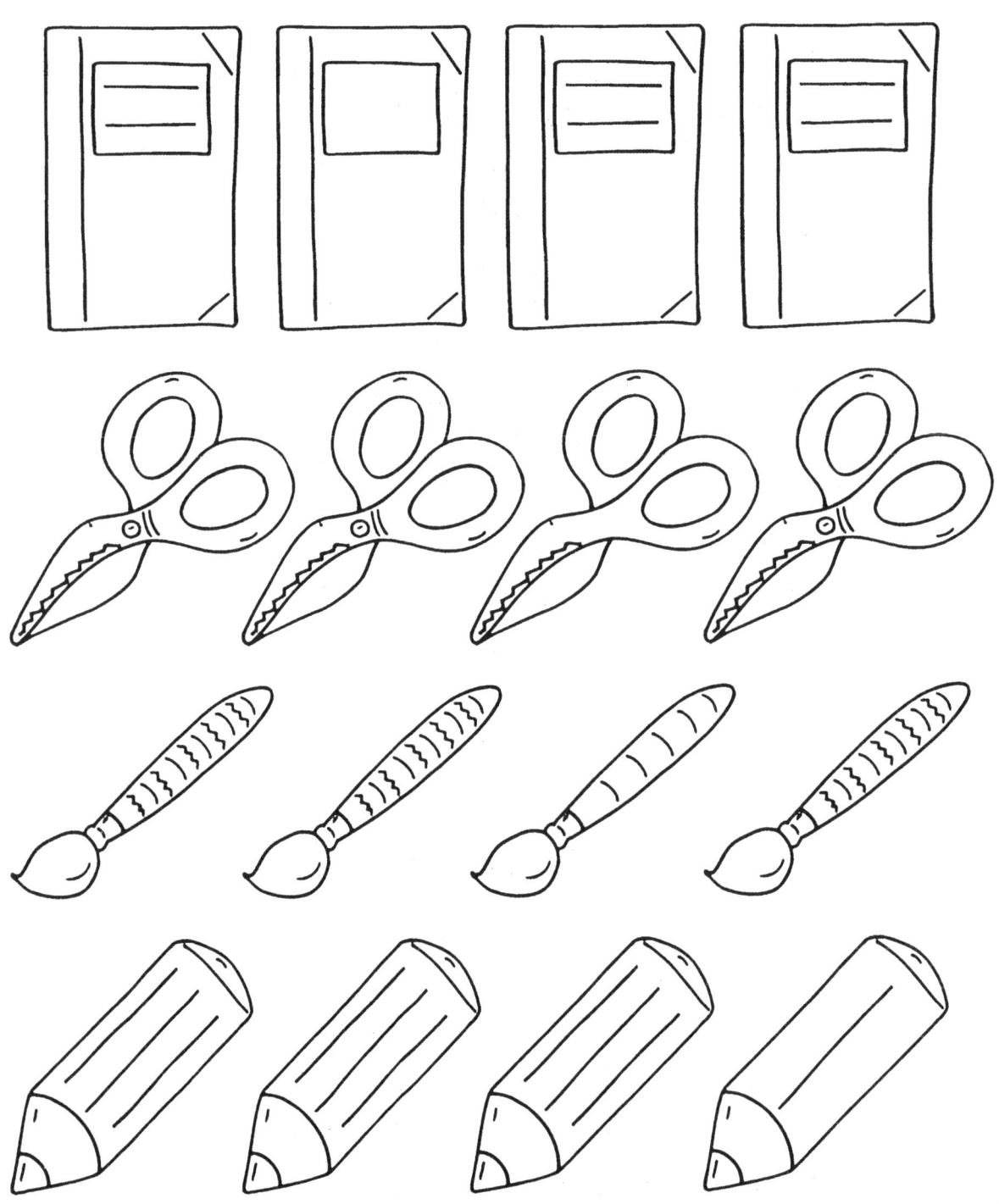

In jeder Reihe sieht ein Bild anders aus als die anderen.
Streiche es durch!

Erkennst du die Fische an ihrem Schattenbild wieder?
Verbinde, was zusammengehört mit einer Linie!

Der Bär backt Plätzchen.
Mit welchen Formen hat er gebacken?
Male Plätzchen und Form in der gleichen Farbe aus!

Immer zwei Tapeten haben das gleiche Muster.

Male sie gleich aus. Welche bleibt übrig?

Immer zwei Schirme sind gleich. Male sie in einer Farbe aus. Welcher bleibt übrig?

Alle Flaggen sollen wie die erste in der Reihe aussehen.

Male sie fertig!

Immer zwei Tücher sind gleich.
Male sie in der gleichen Farbe aus!

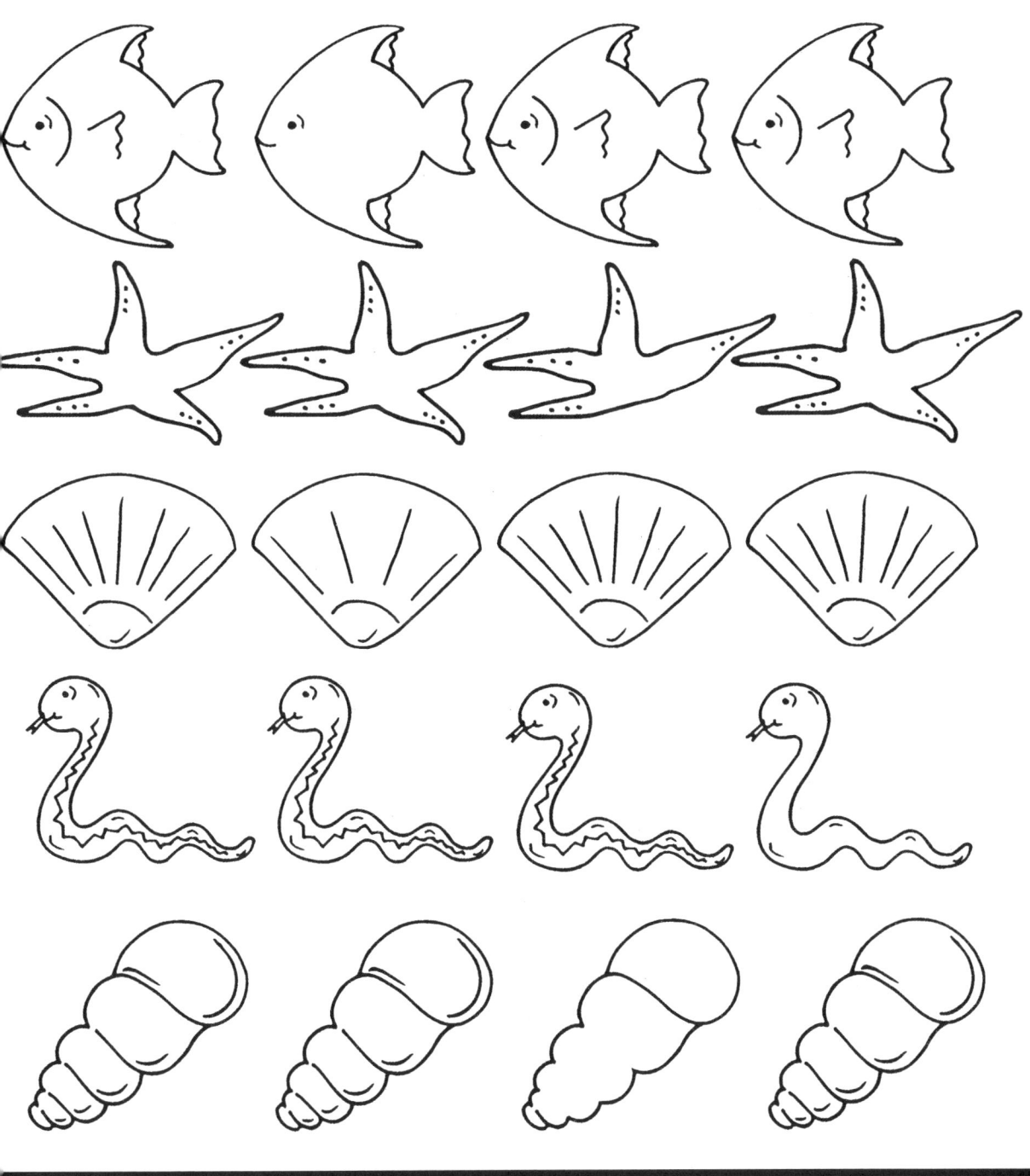

In jeder Reihe sieht ein Bild anders aus als die anderen. Streiche es durch!

Wo findest du die Form wieder?

Male sie in der gleichen Farbe aus!

Immer zwei Tücher haben das gleiche Muster.

Male sie in einer Farbe aus. Welches Tuch bleibt übrig?

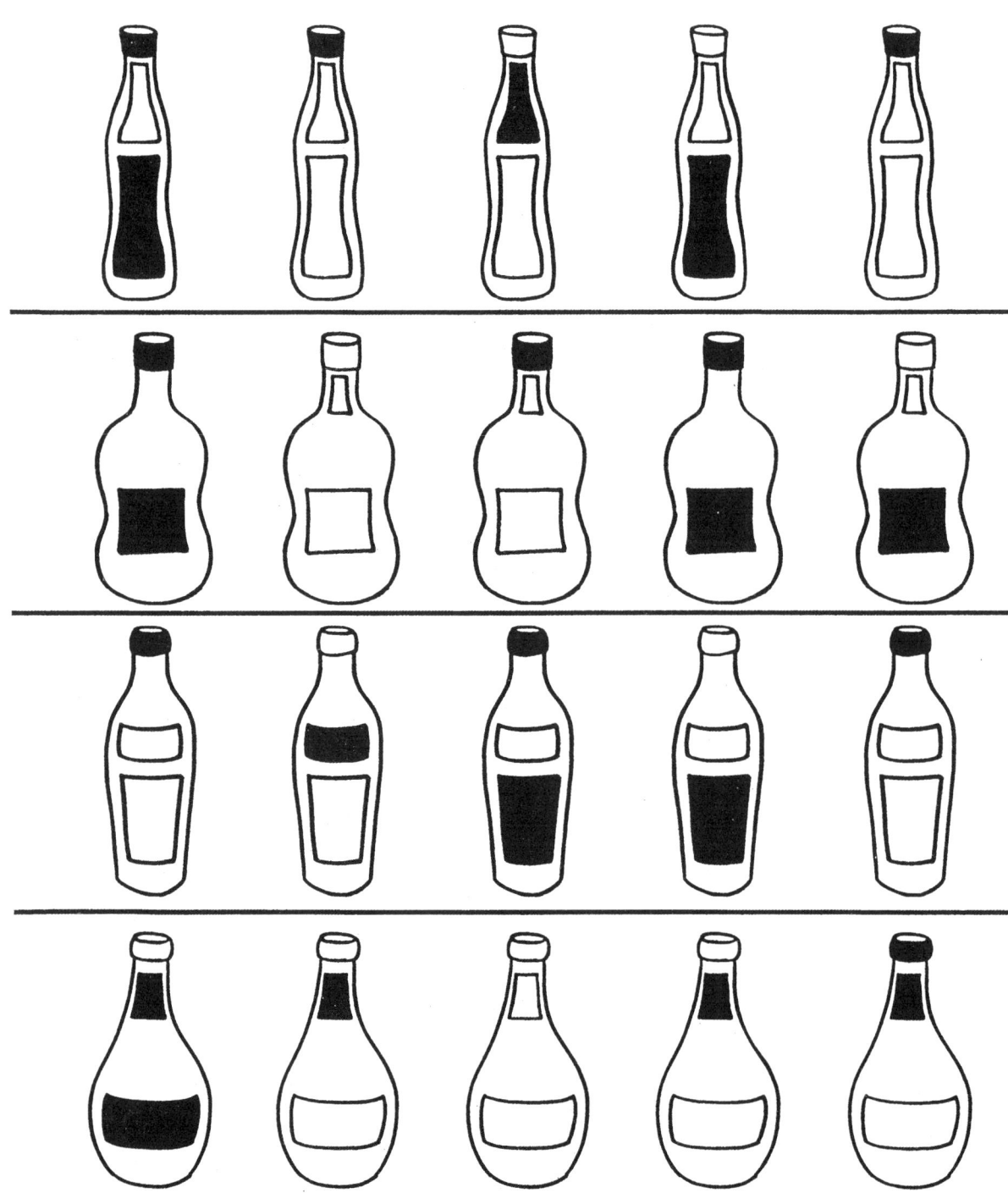

Immer zwei Flaschen in einer Reihe sind gleich.

Male sie in einer Farbe aus.

Alle Boote sollen aussehen wie das erste in der Reihe.
Male immer dazu, was noch fehlt!

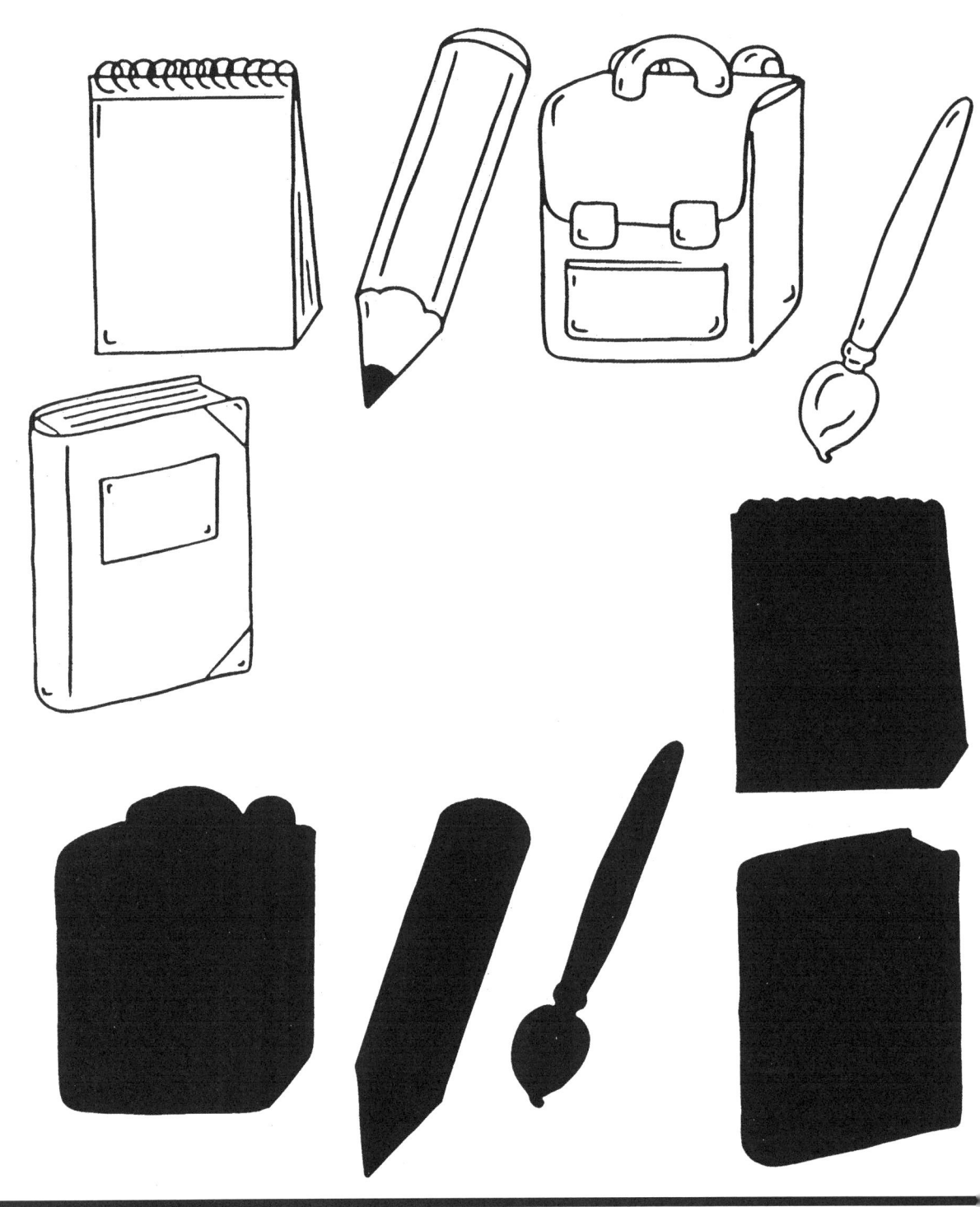

Suche zu jedem Gegenstand den passenden Schatten.
Verbinde mit einer Linie!

Baue den Turm nochmals genauso daneben!
Achte auf die richtigen Bausteine.

Ergänze das rechte Bild!

Alle Autos sollen aussehen wie das erste in der Reihe.
Male immer dazu, was noch fehlt!

Wo findest du diese Formen wieder?

Verbinde mit einer geraden Linie.

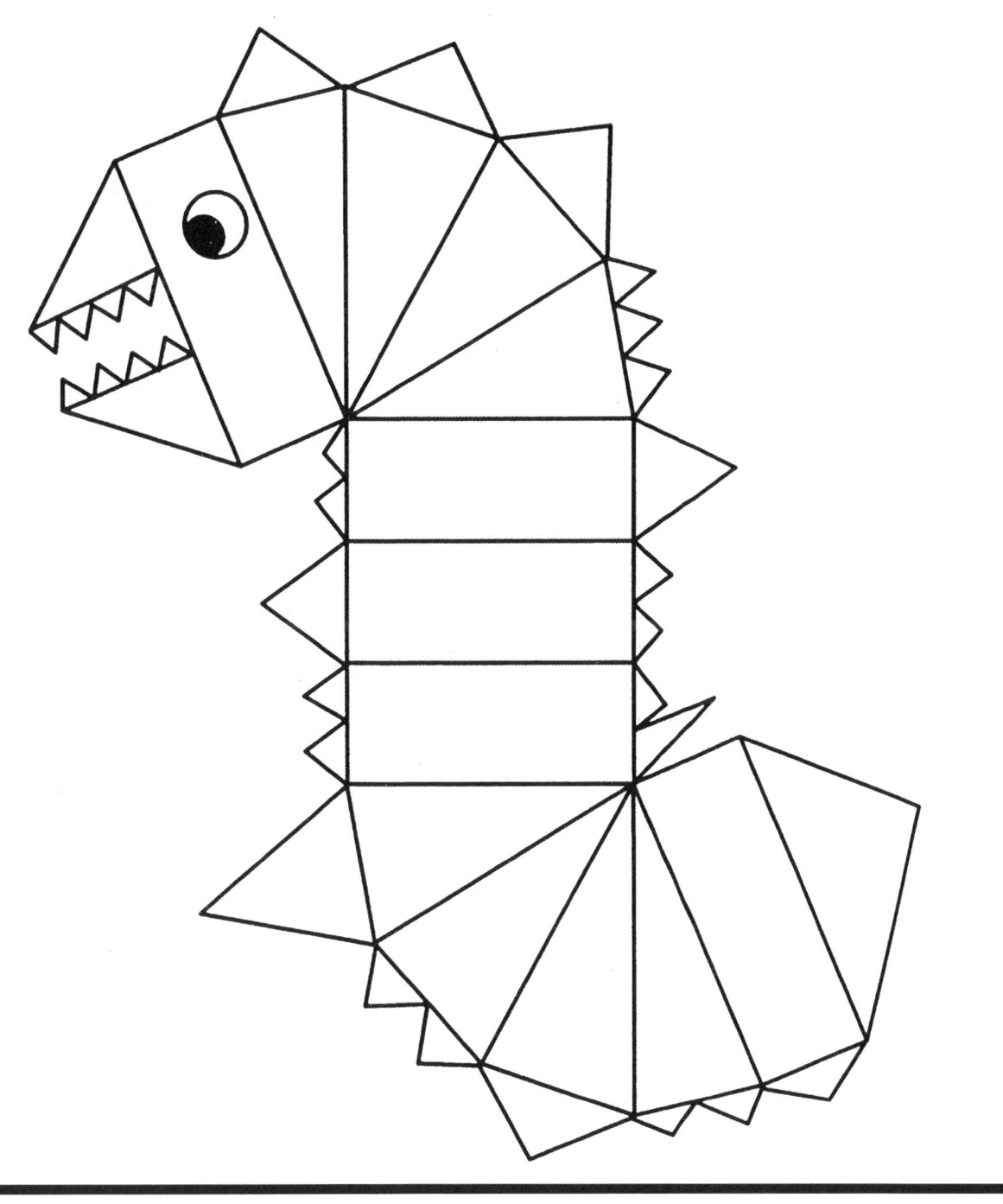

Male alle △ Dreiecke grün aus und alle ▭ Rechtecke rot.

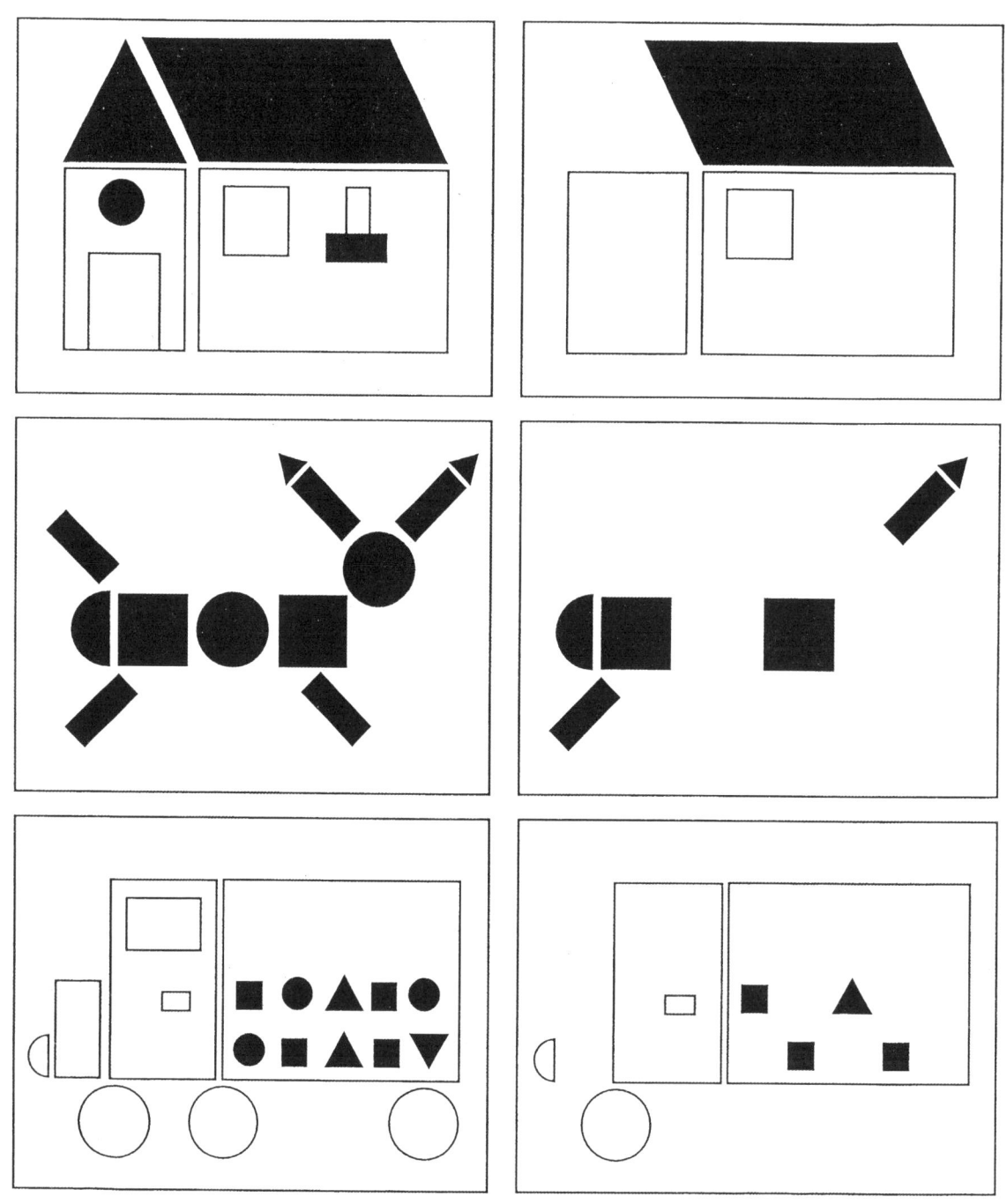

Schau dir die Bilder genau an.
Male die fehlenden Formen dazu!

Wörterspiele

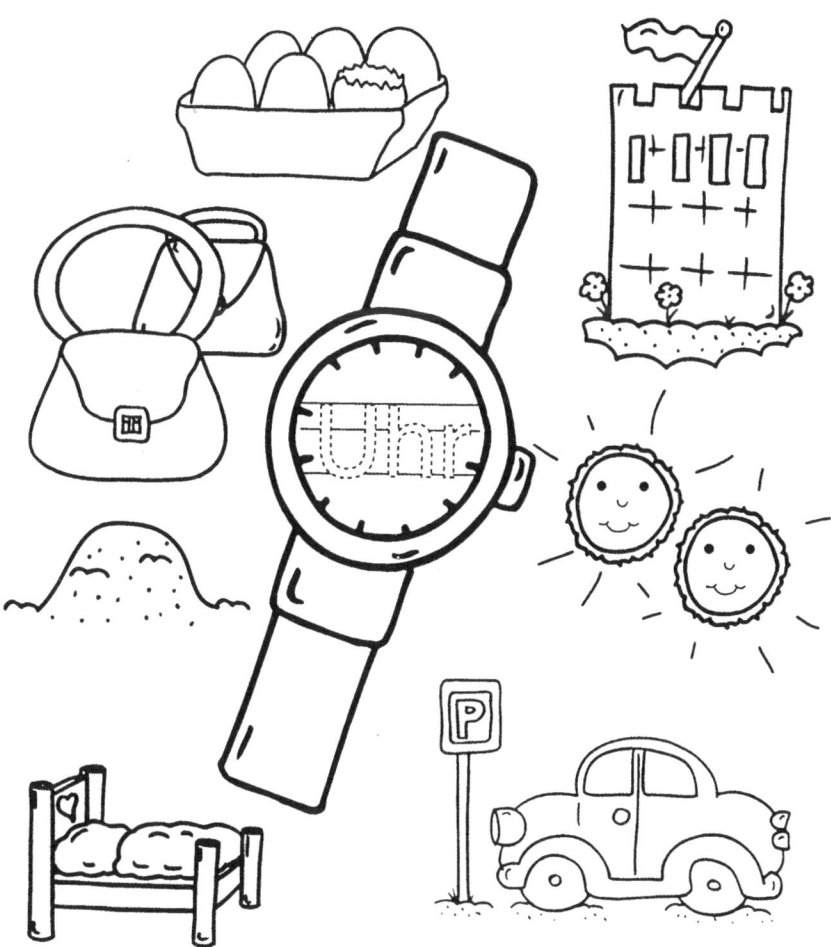

Was reimt sich hier?

Verbinde, was zusammengehört, mit einer Linie!

Was reimt sich hier?

Verbinde, was zusammengehört, mit einer Linie!

Immer ein Bild passt nicht dazu.

Streiche es durch!

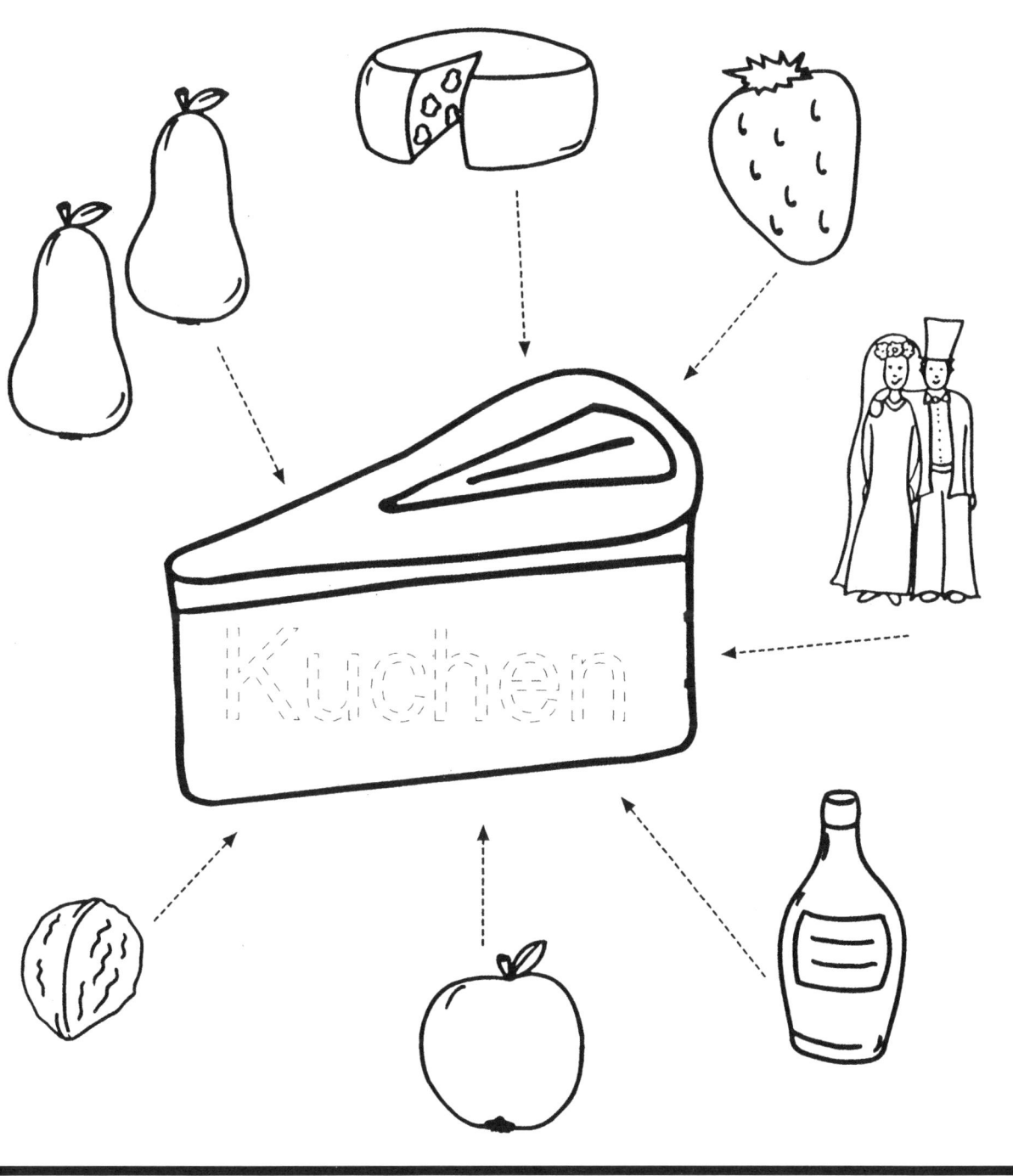

Setze 6 verschiedene Wörter zusammen!
Wie heißt das Wort, das zu allen Dingen passt?
Welches Bild ist falsch?

Esel

Esal   Isel   Esel   Fesel   Lese   Eisel

Elefant

Telefant   Felefit   Elefant   Melefunt

Ente

Unte   Ente   Tante   Eltel   Fente   Eute

Wie heißen diese Tiere?
Kreise in jeder Zeile das richtige Wort ein.

Ameise   Ampel   Apfel   Ananas   Affe

Kanne   Kette   Kuh   Kamel   Kamera

Haus   Helm   Halm   Hund   Hase

Wie heißen diese Tiere?

Kreise in jeder Zeile das richtige Wort ein.

| Meier | Müller | Moser |

Moser	○
Mörig	○
Maier	○
Meier	○
Maler	○
Müller	○

Findest du die Namen dieser Familien
auf dem Türschild wieder?
Male sie jeweils mit der gleichen Farbe aus!

Zählen
und erstes Rechnen

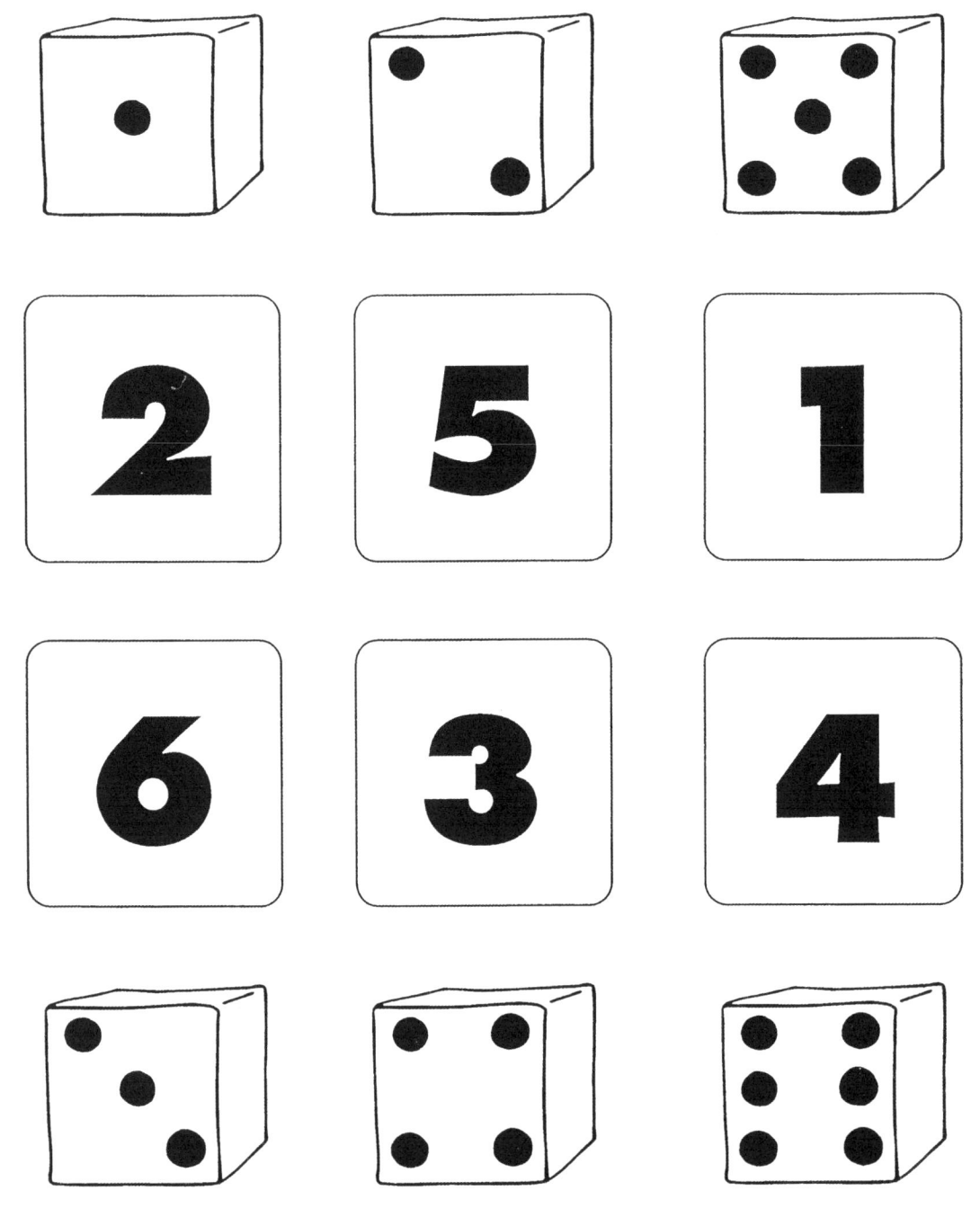

Was gehört zusammen?
Verbinde jeden Würfel mit der richtigen Zahl!

Wie viele Dinge siehst du in jedem Kästchen?
Kreuze die richtige Zahl an!

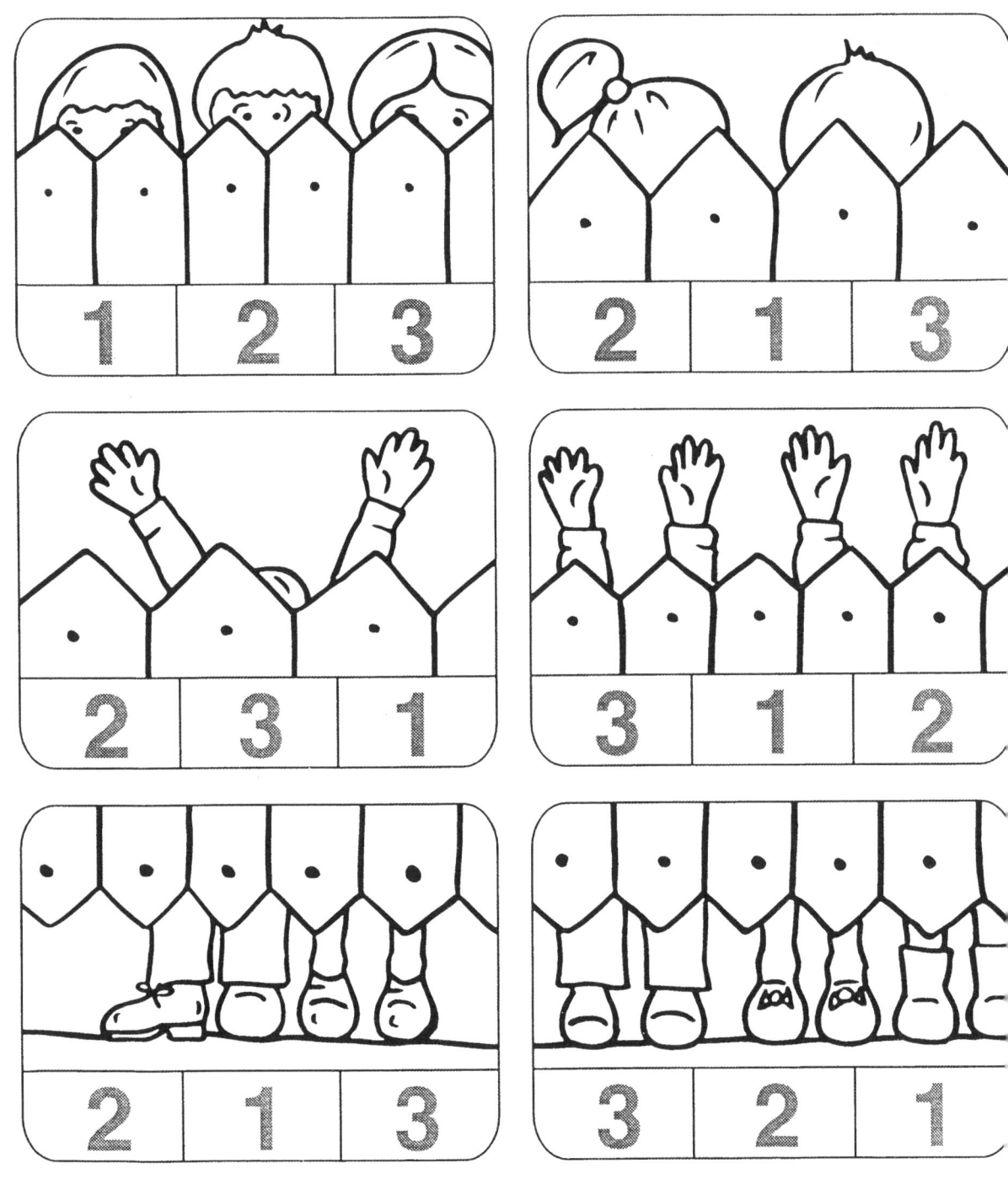

Wie viele Kinder stehen hinter dem Zaun?
Kreuze die richtige Zahl an!

Wie viele Streifen haben die Trikots?
Verbinde jedes Trikot mit der richtigen Zahl!

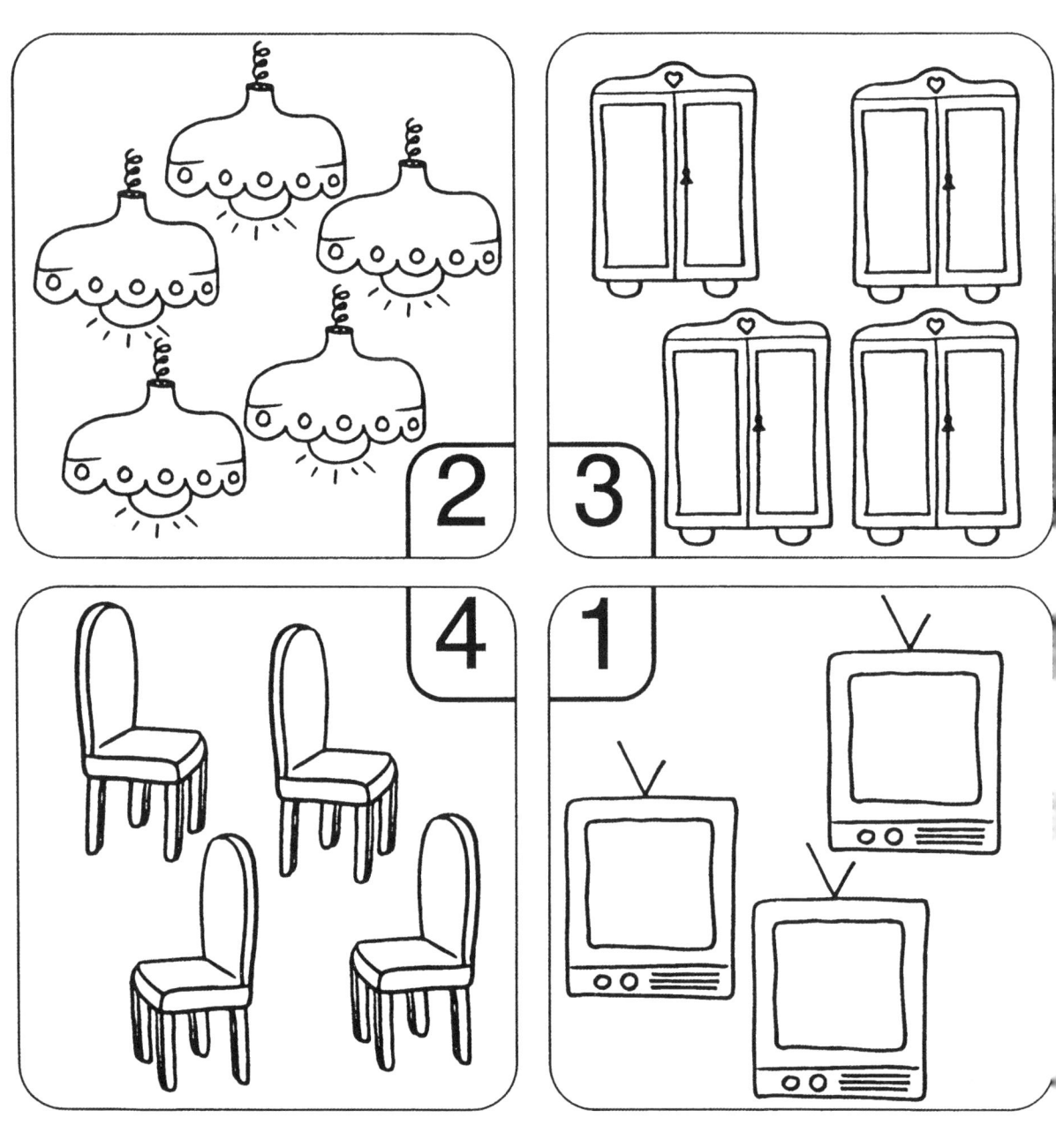

Male immer so viele Dinge an,
wie die Zahl im kleinen Kästchen angibt.

Lösung: 4, 6, 2, 5, 1, 3

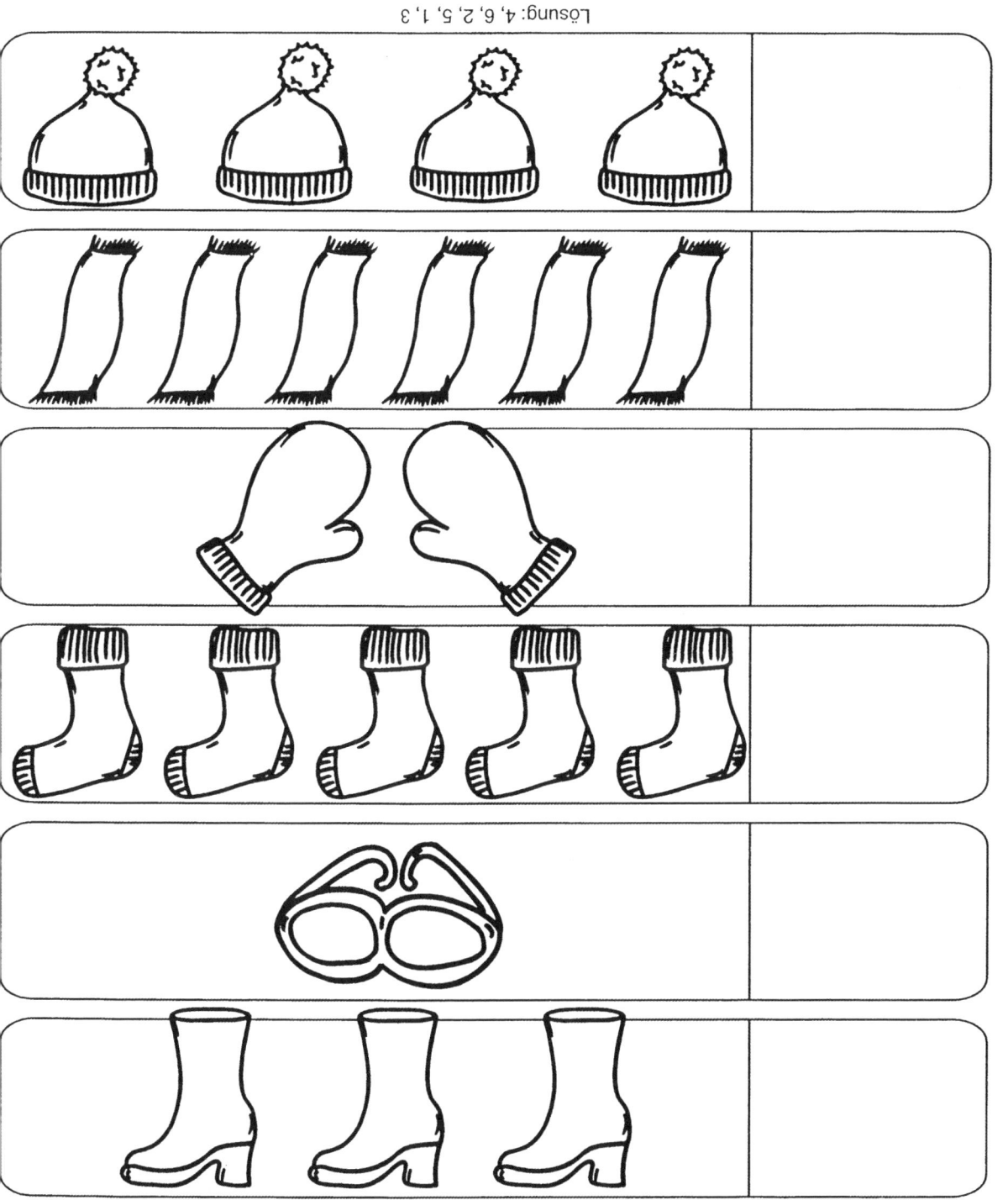

Zähle die Dinge in jeder Reihe!
Schreibe die richtige Zahl daneben.

Zähle die Punkte auf jedem Stein zusammen
und schreibe die Zahl in das Kästchen.

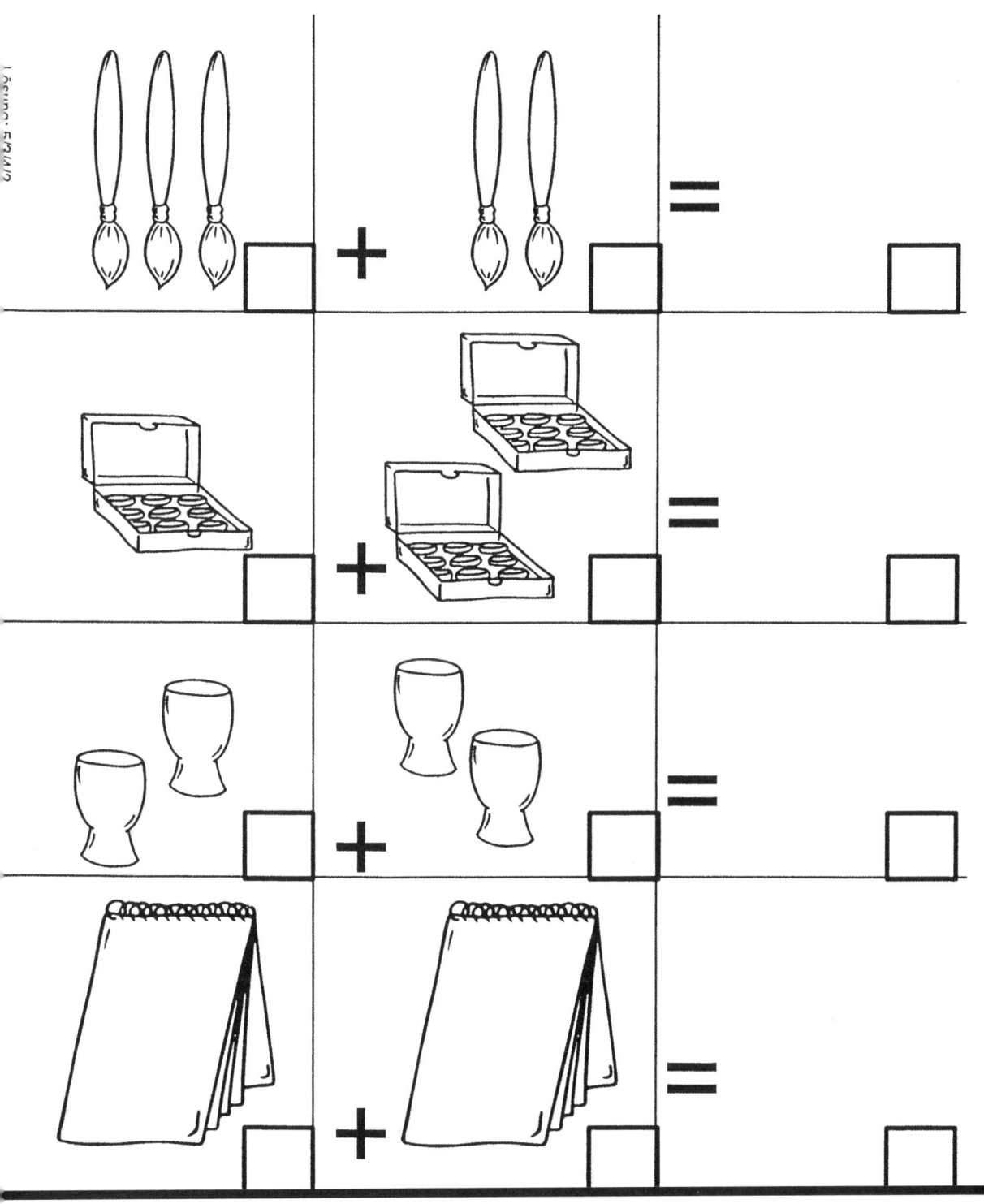

Wie viele Dinge siehst du in jedem Kästchen?
Wie viele sind es zusammen?
Male und schreibe die richtige Zahl auf!

Kannst du das schon ausrechnen?

Kannst du das schon ausrechnen?

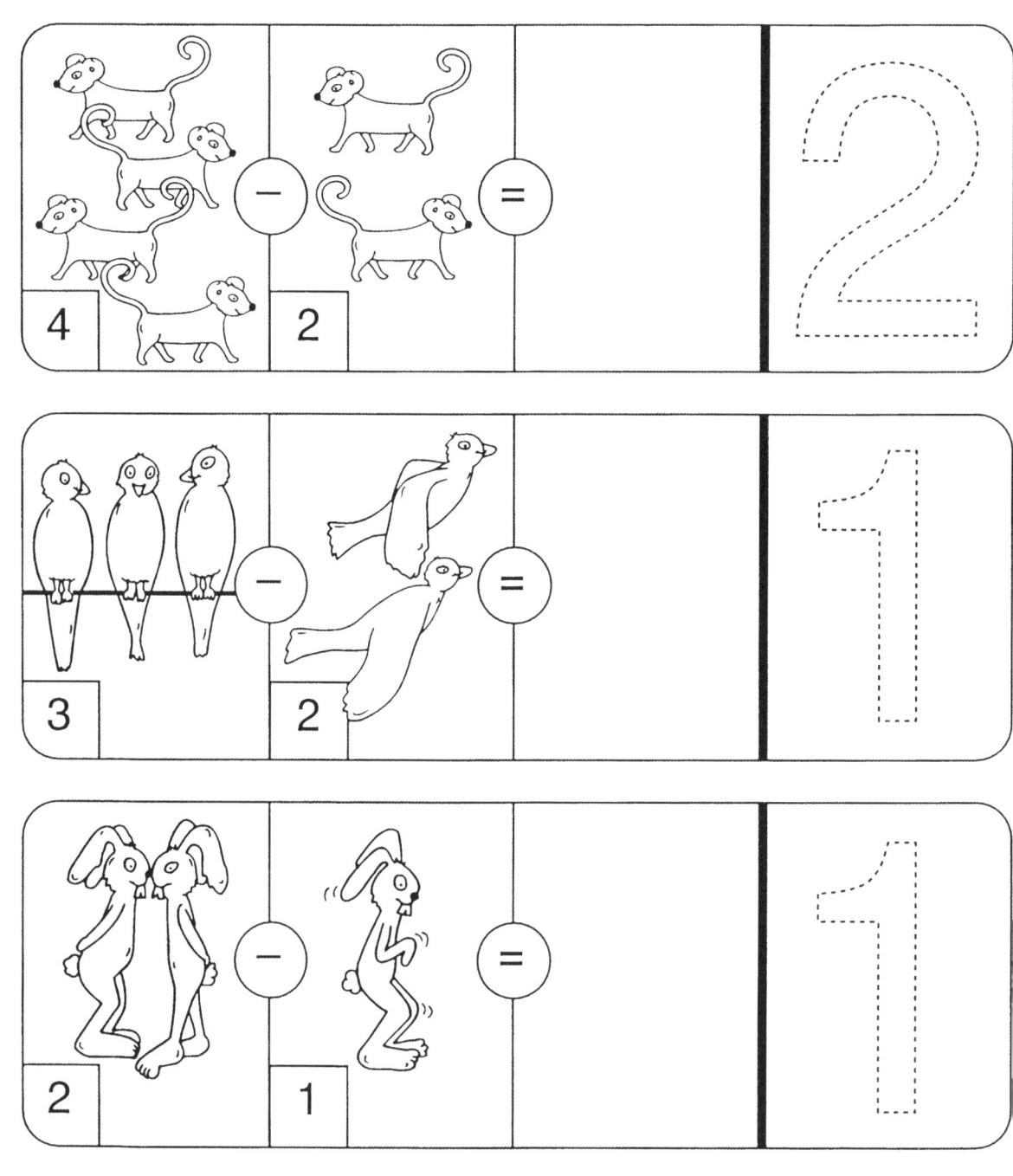

Kannst du schon rechnen? Es werden immer weniger.
Wie heißt das Ergebnis?
Male auf und schreibe die neue Zahl!

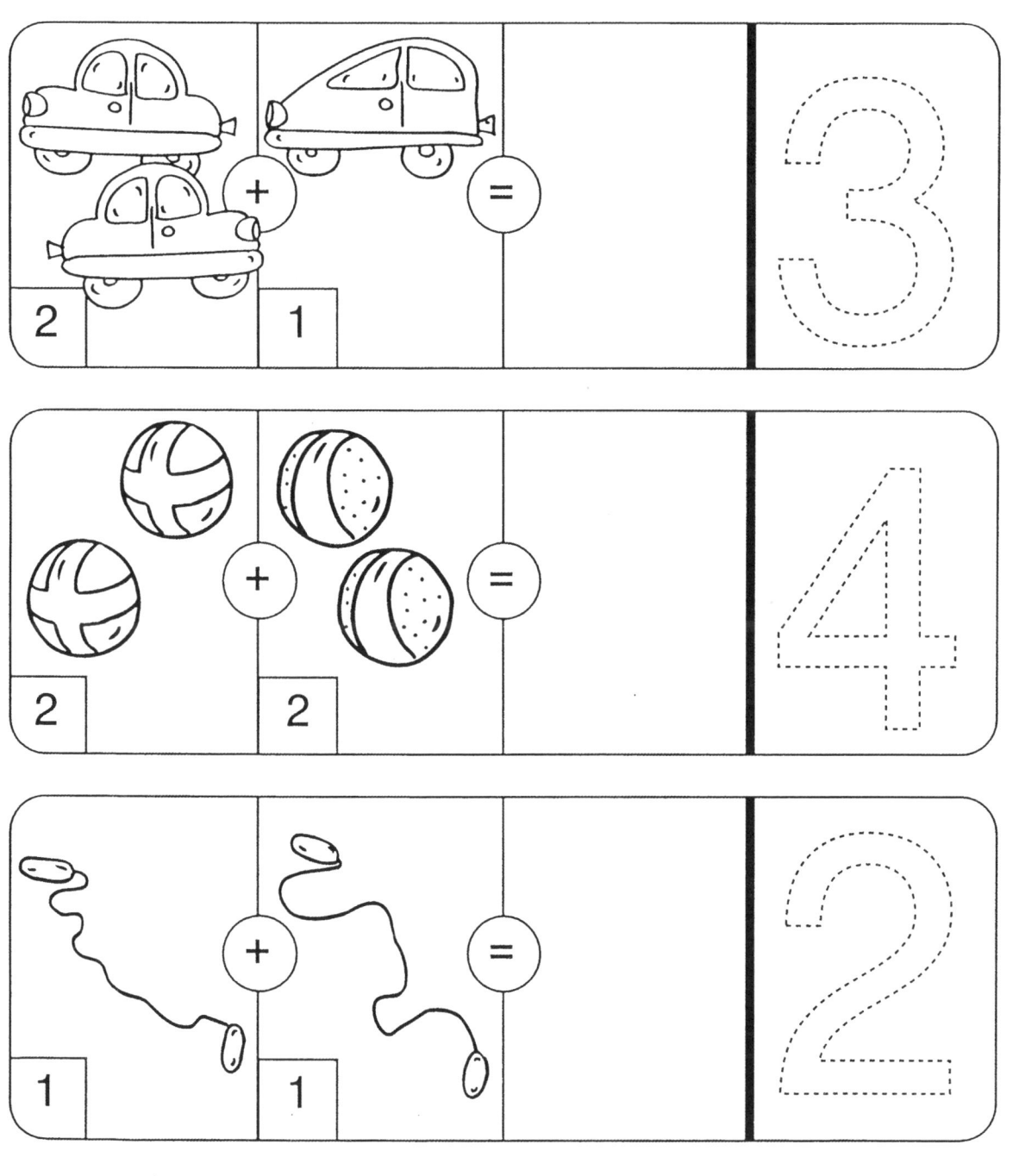

Kannst du schon rechnen?
Zähle die Dinge zusammen und male das Ergebnis auf.
Wie heißt die neue Zahl?

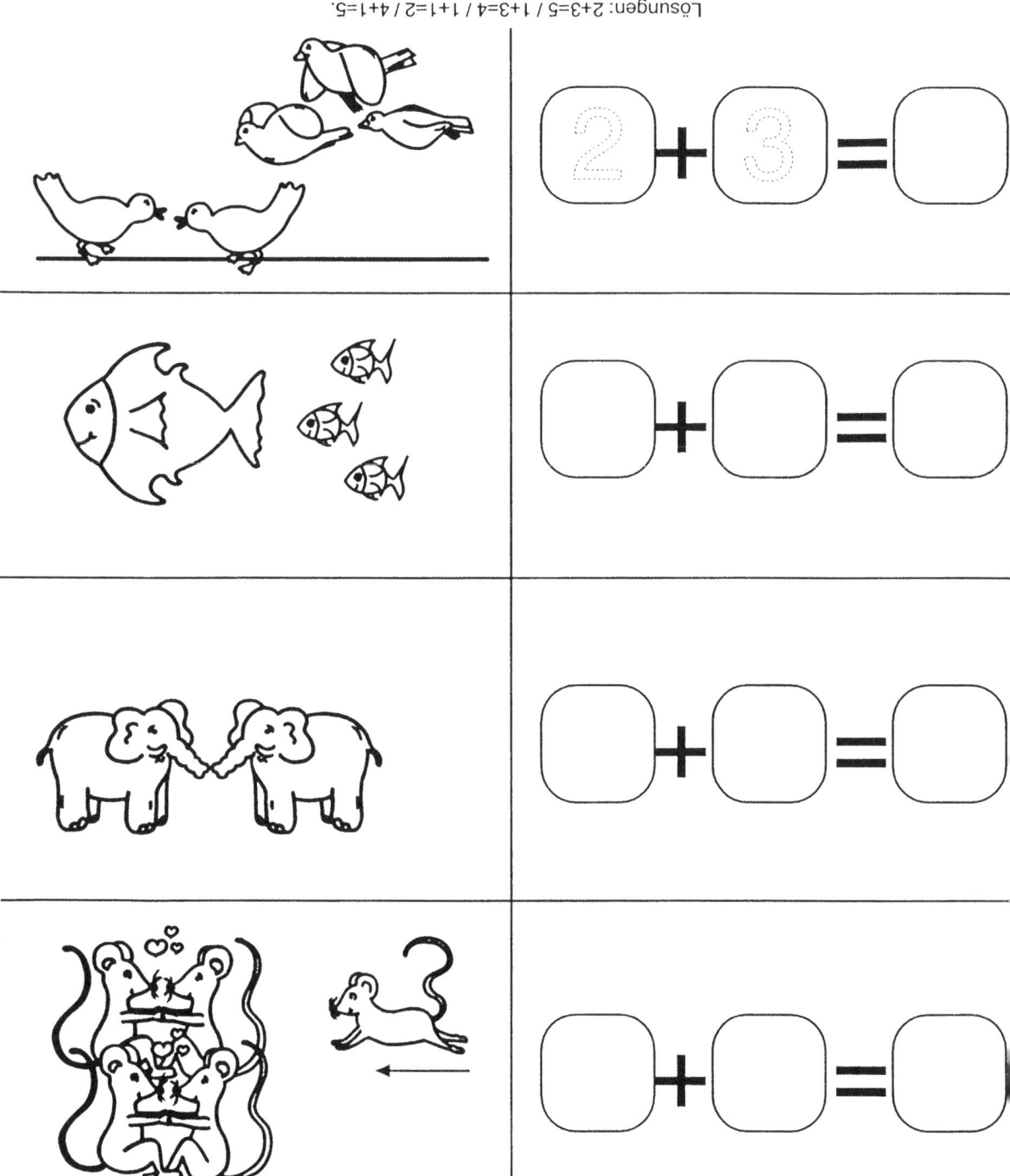

Kannst du schon gut rechnen?
Löse die Aufgaben!

Schreibspiele:
Buchstaben und Wörter

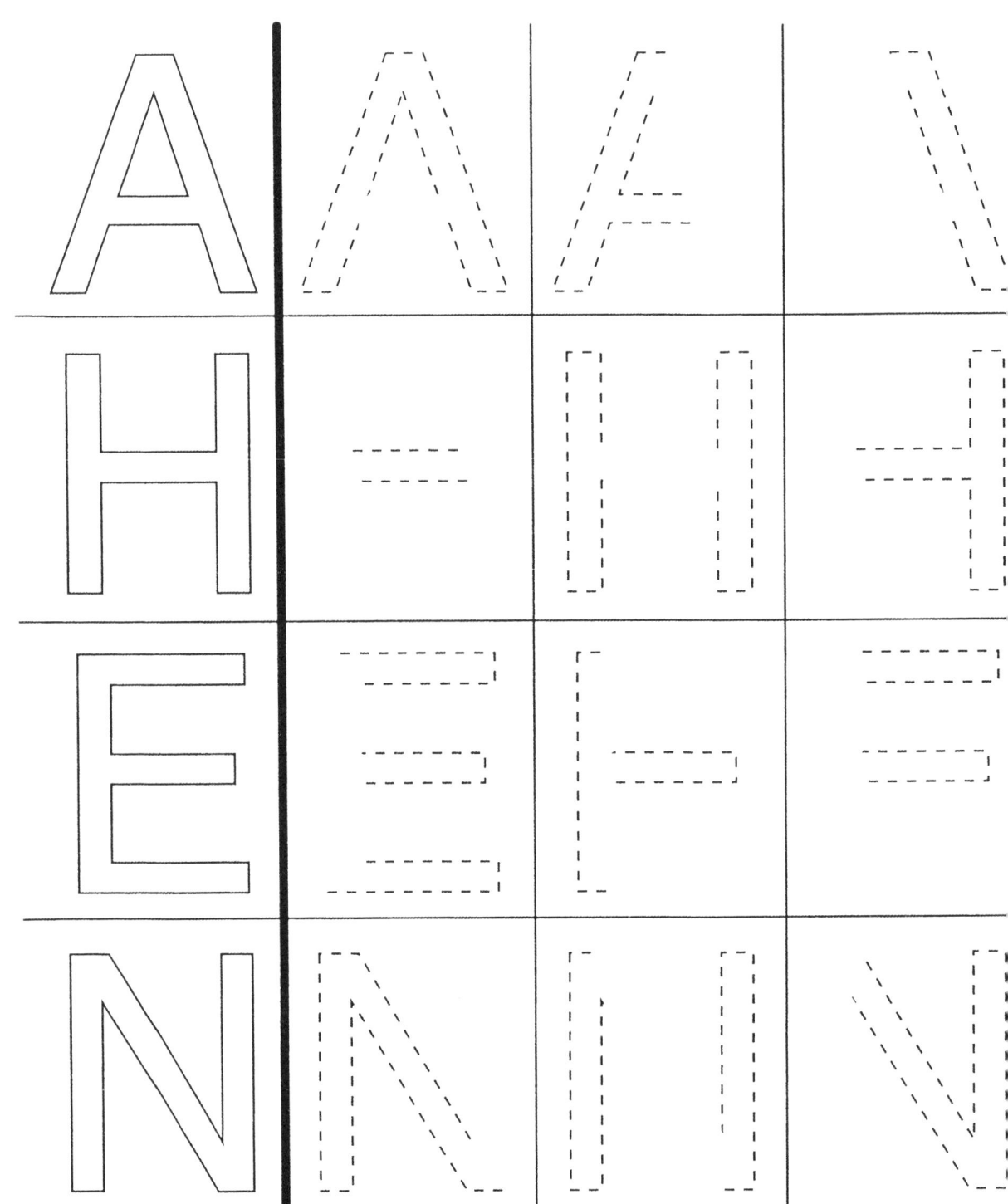

Kannst du schon schreiben?
Alle Buchstaben sollen aussehen wie der im ersten Kasten.
Ergänze!

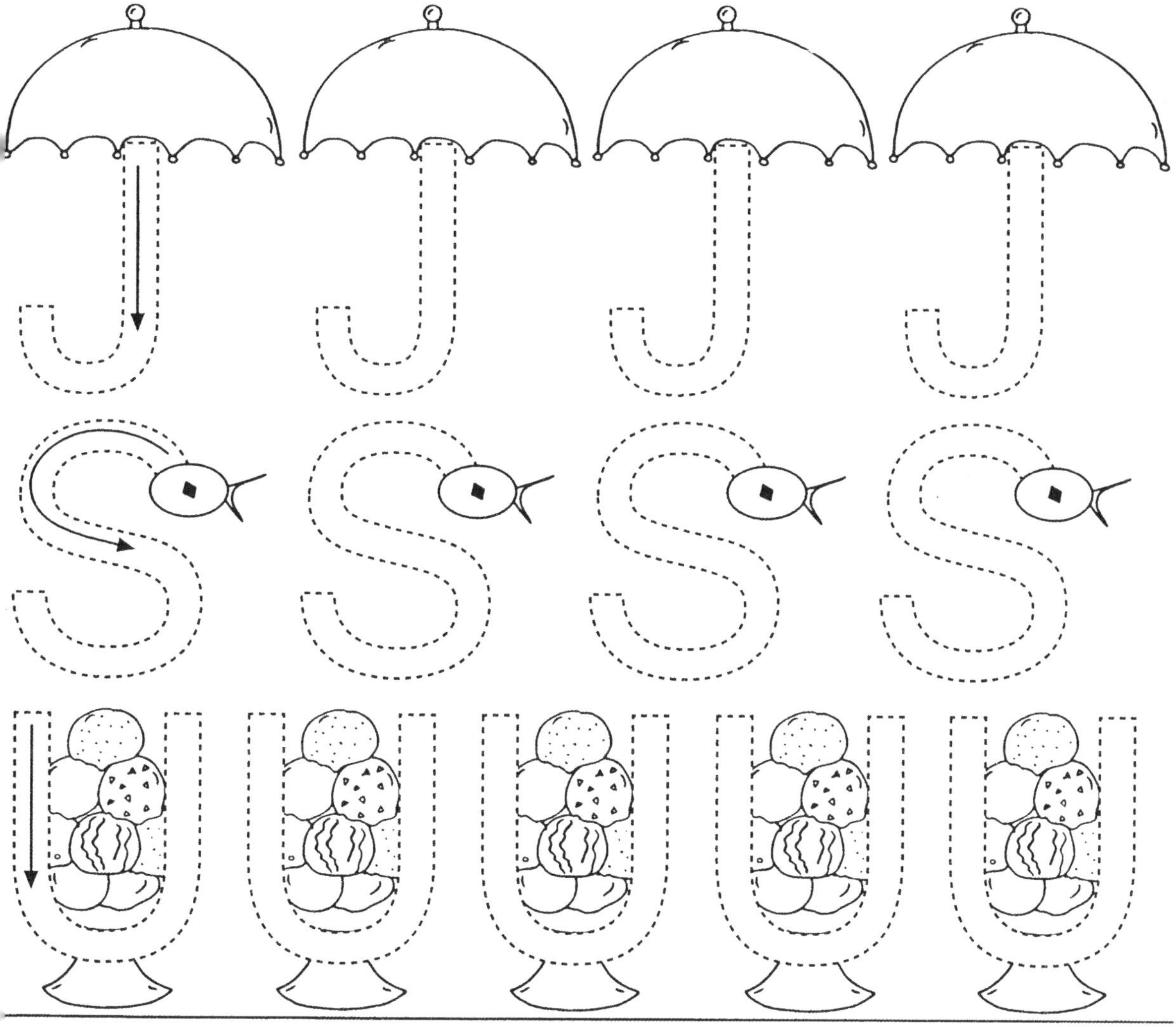

Und nun du allein:

So lernst du schreiben!

Spure nach!

Lösung: Hase

Male das Wort!

Mit welchen Buchstaben beginnen die Namen dieser Dinge?
Schreibe ihn in das Kästchen!
Kannst du das Wort von oben nach unten schon lesen?

Lösung: Baum.

Male das Wort!

Mit welchen Buchstaben beginnen die Namen dieser Dinge?
Schreibe ihn in das Kästchen!
Kannst du das Wort von oben nach unten schon lesen?

Wer oder was hat sich hier versteckt?

Schreibe den Namen auf.

Was gibt es zum Frühstück?

Schreibe die Namen nach.

Verstehst du die Bärensprache?

Schreibe nach!

Verstehst du die Mäusesprache?

Schreibe nach!

Kannst du schon gut schreiben?

Wem gehören die Kappen?

Buchstaben, Zahlen, Denkaufgaben
Das kann ich schon!

Blatt

Wasser

Kirsche

Zitrone

Was gehört nicht in die Schultasche?

Streiche es durch!

Schau genau!
Wie viele von den Dingen siehst du an dem Jungen?
Schreibe die richtige Zahl dazu!

Der Herbst ist da! Blätter fallen von den Bäumen.

Zeichne ihren Weg nach! Folge dabei dem Pfeil.

Findest du die Figur vom linken Bild im rechten wieder?
Male sie aus!

Welche Farben haben die Dinge?

Male jeden Anfangsbuchstaben in genau dieser Farbe aus!

Es gibt immer zwei Tiere,
die mit dem gleichen Buchstaben beginnen. Verbinde!

Lass den Rolladen herunter.

Folge mit deinem Stift den Pfeilen!

Was gibt es fünfmal?

Male nur diese Dinge aus!

Die Zwillinge tragen die gleichen Pullis.

Male sie fertig!

Die Zwillinge tragen die gleichen Kleider.

Male sie fertig!

Immer drei Dinge in einem Bild
fangen mit dem gleichen Buchstaben an.
Was passt nicht dazu? Streiche es durch!

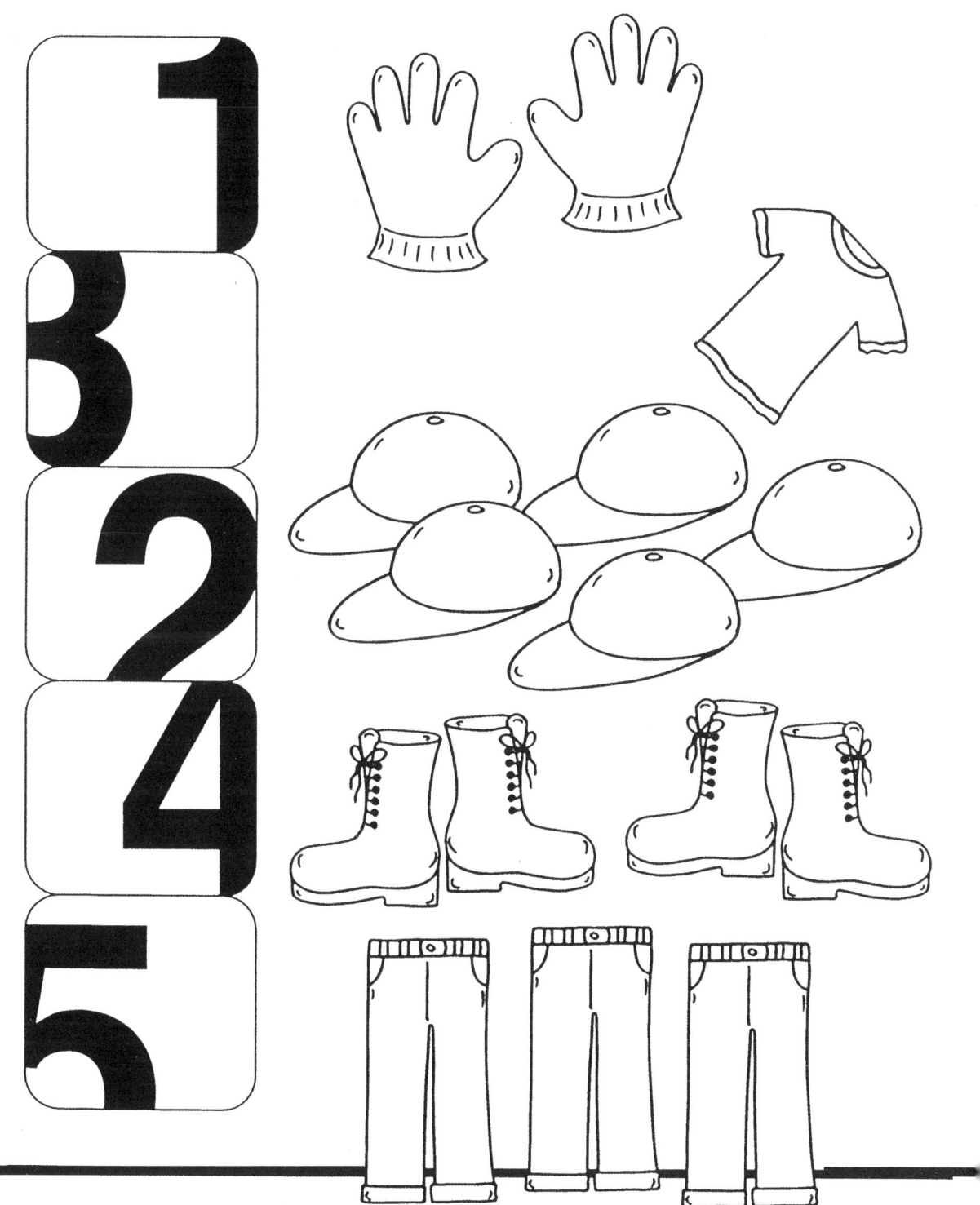

Erkennst du schon die Zahlen?

Verbinde!

Schau genau!
Wie viele von den Dingen siehst du an dem Mädchen?
Schreibe die richtige Zahl dazu!

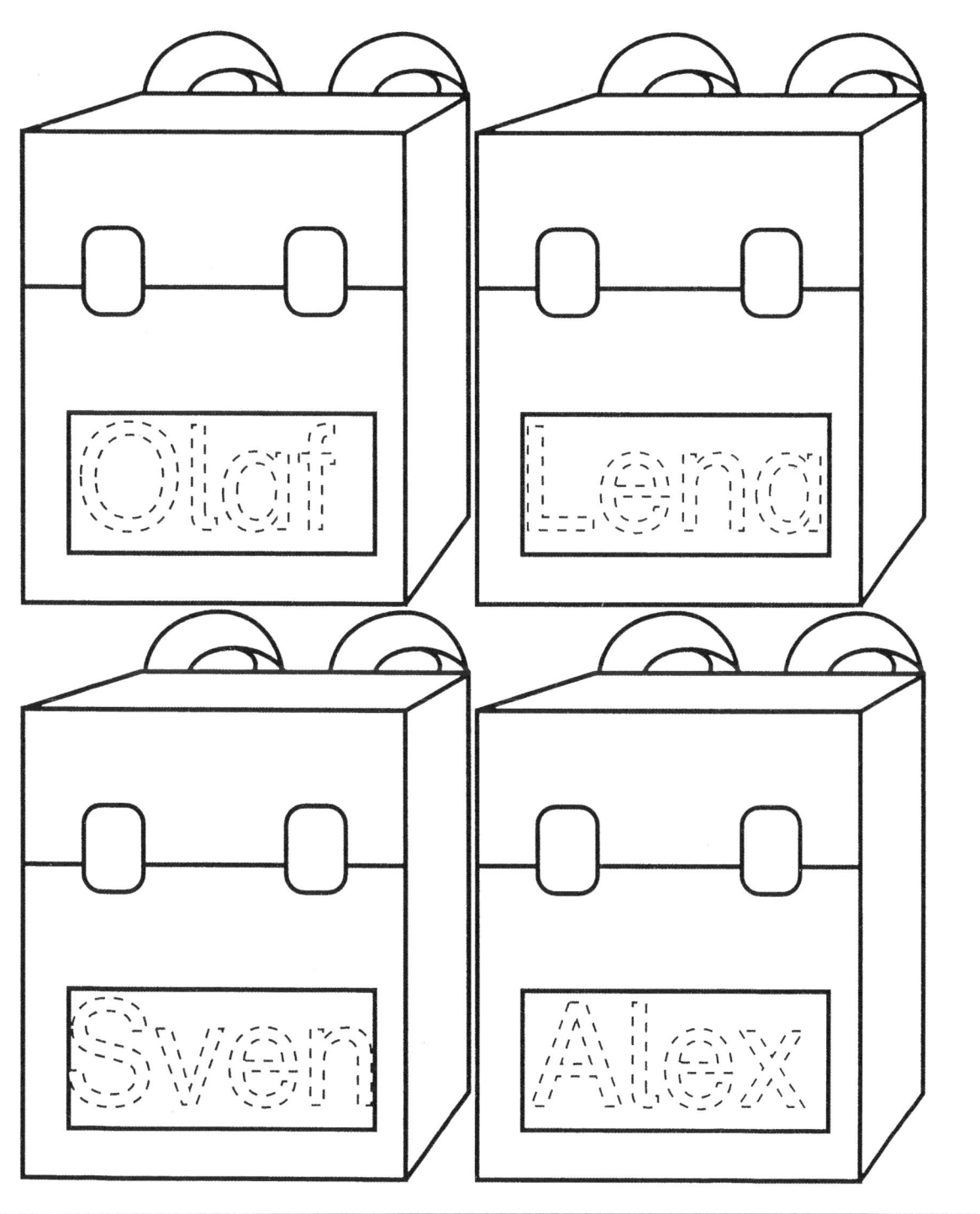

Wem gehören die Schulranzen?

Schreibe die Namen nach.

Ergänze das fehlende Bild!

Zeichne die richtige Anzahl Kerzen auf jede Torte!

So ein schöner Sternenhimmel.

Male ihn fertig! Folge dabei den Pfeilen.

In jeder Reihe fangen drei Dinge
mit dem gleichen Buchstaben an.
Was passt nicht dazu? Streiche es durch!

In jeder Reihe fehlt ein Bild.

Suche das passende Teil und verbinde oder male selbst!

Lass die Boote auf den Wellen tanzen!

An welcher Stelle im Wort hörst du ein K:
am Anfang, in der Mitte oder am Ende? Kreuze an.

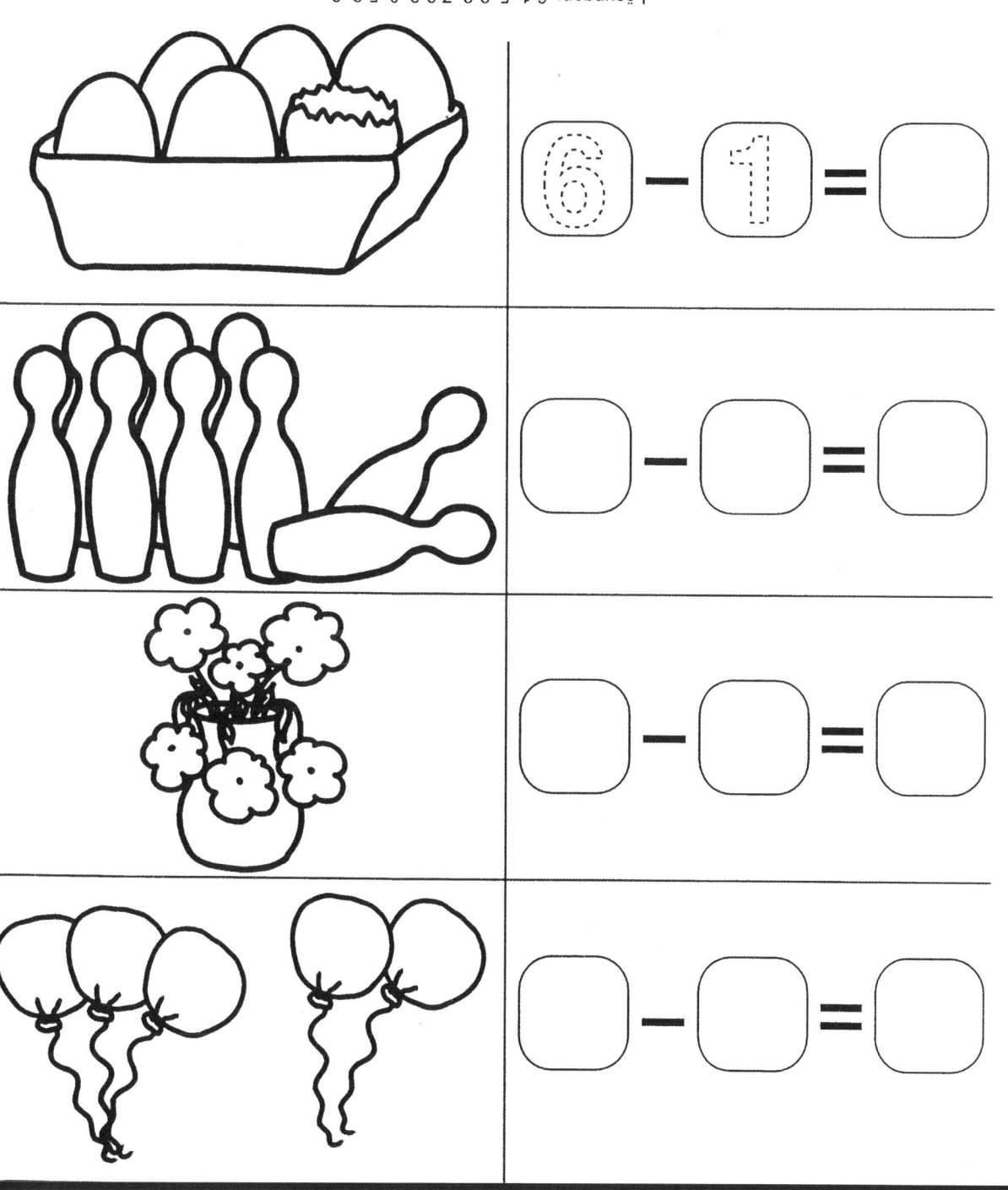

Denke dir zu jedem Bild eine Rechenaufgabe aus.

Rechne aus!

Lösungen: M / O / N / D.

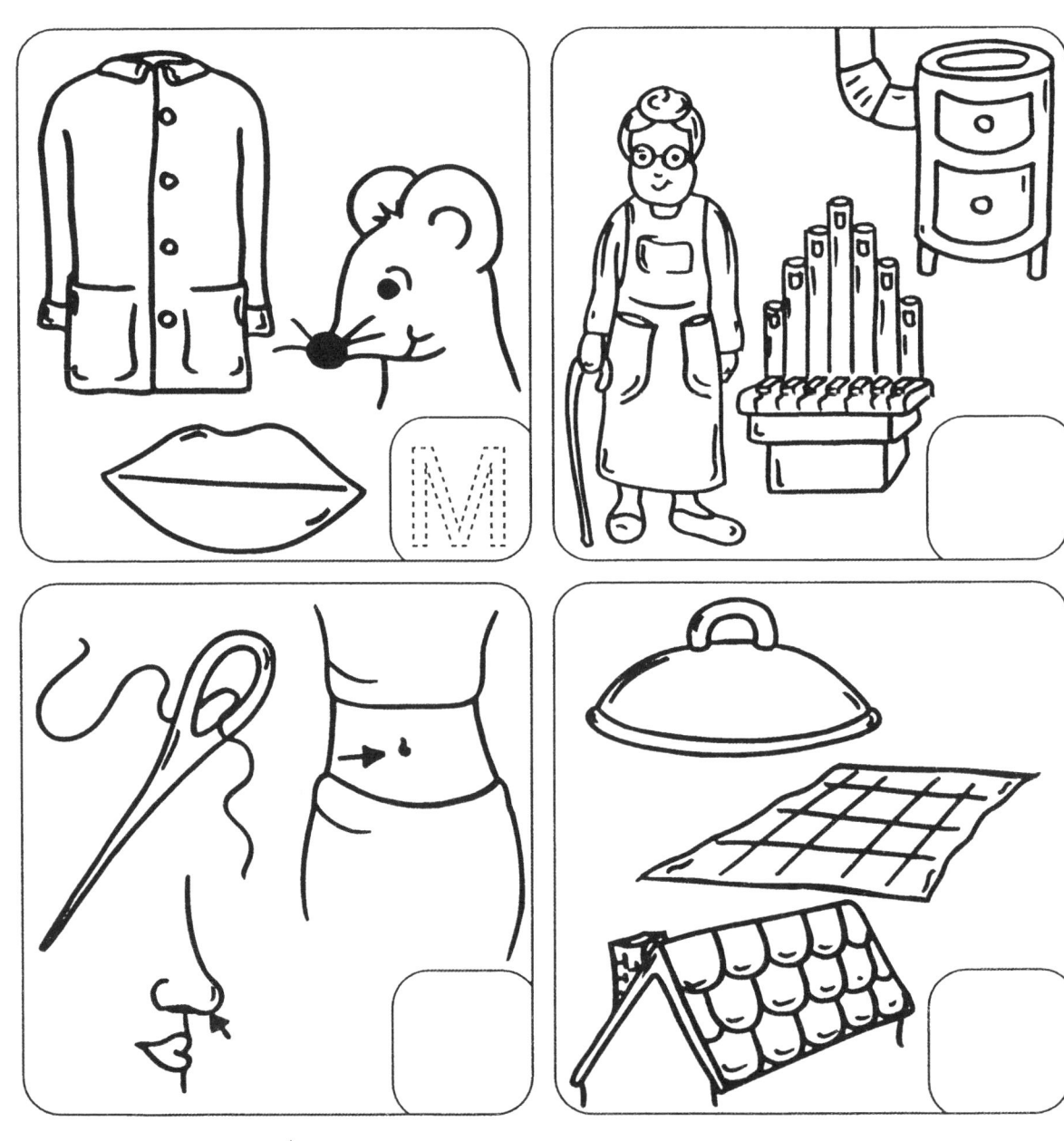

Mit welchem Buchstaben beginnen die Dinge in den Kästchen? Schreibe ihn auf!

Welche Zahlen haben sich hier versteckt?
Zeichne die gepunkteten Linien farbig nach!

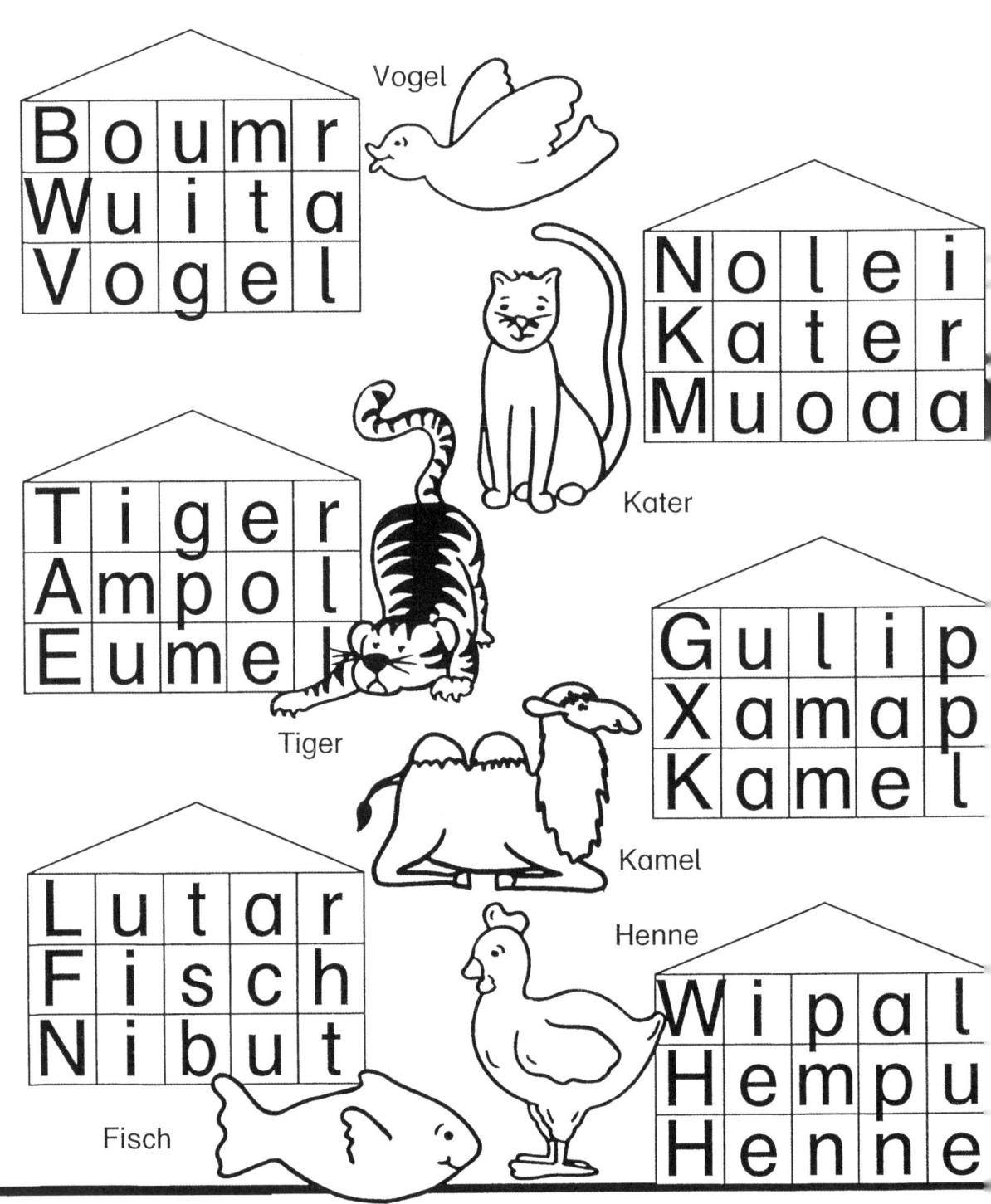

Wie heißen die Freunde des kleinen Bären?

Kreise die Namen im Buchstabenhaus ein!

Beruferaten: Wer braucht was?
Verbinde richtig!

Wo haben sich diese Zahlen versteckt?

Male sie bunt an.

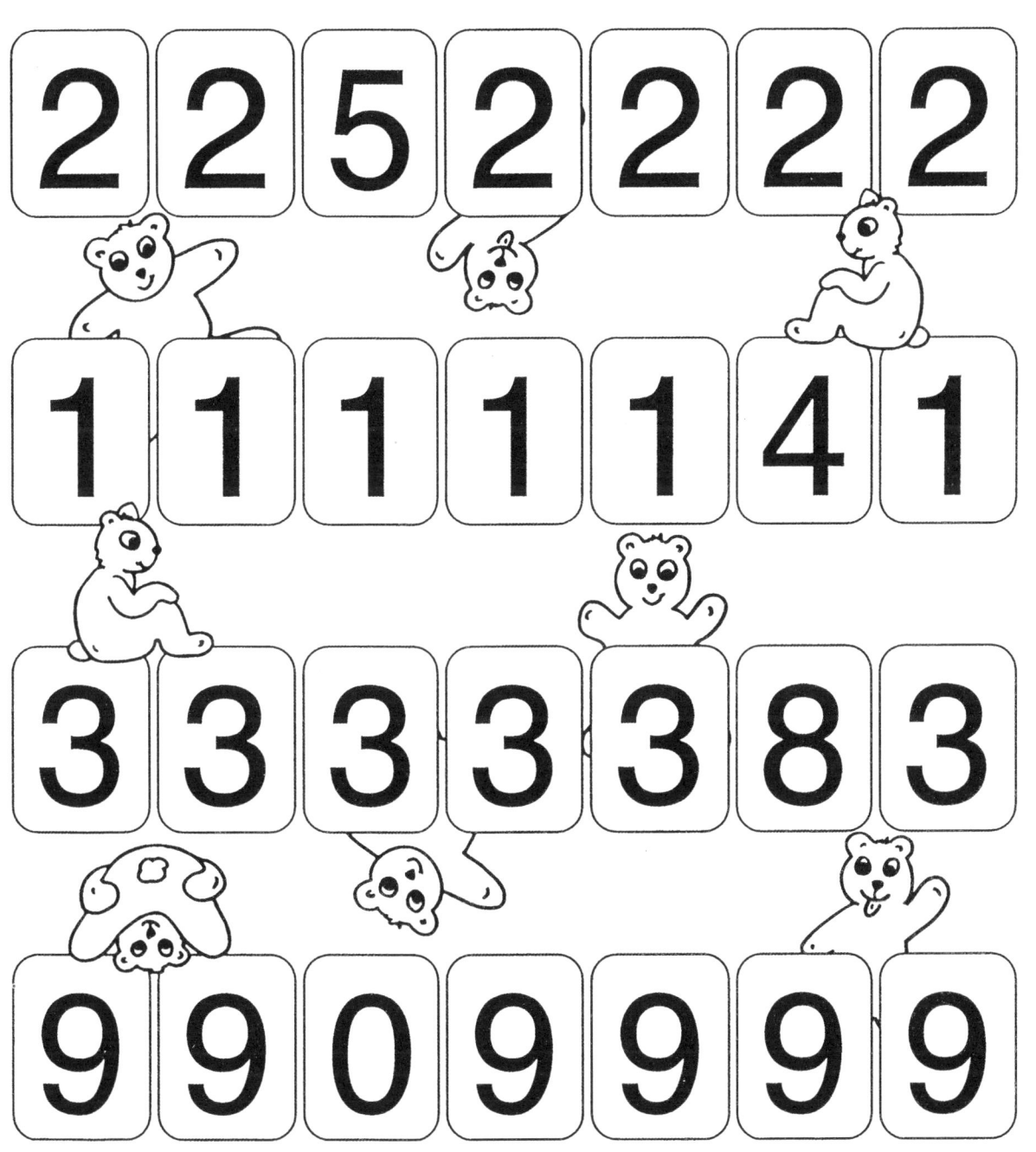

In jeder Reihe sollen die gleichen Zahlen stehen.
Streiche die falsche Ziffer durch!

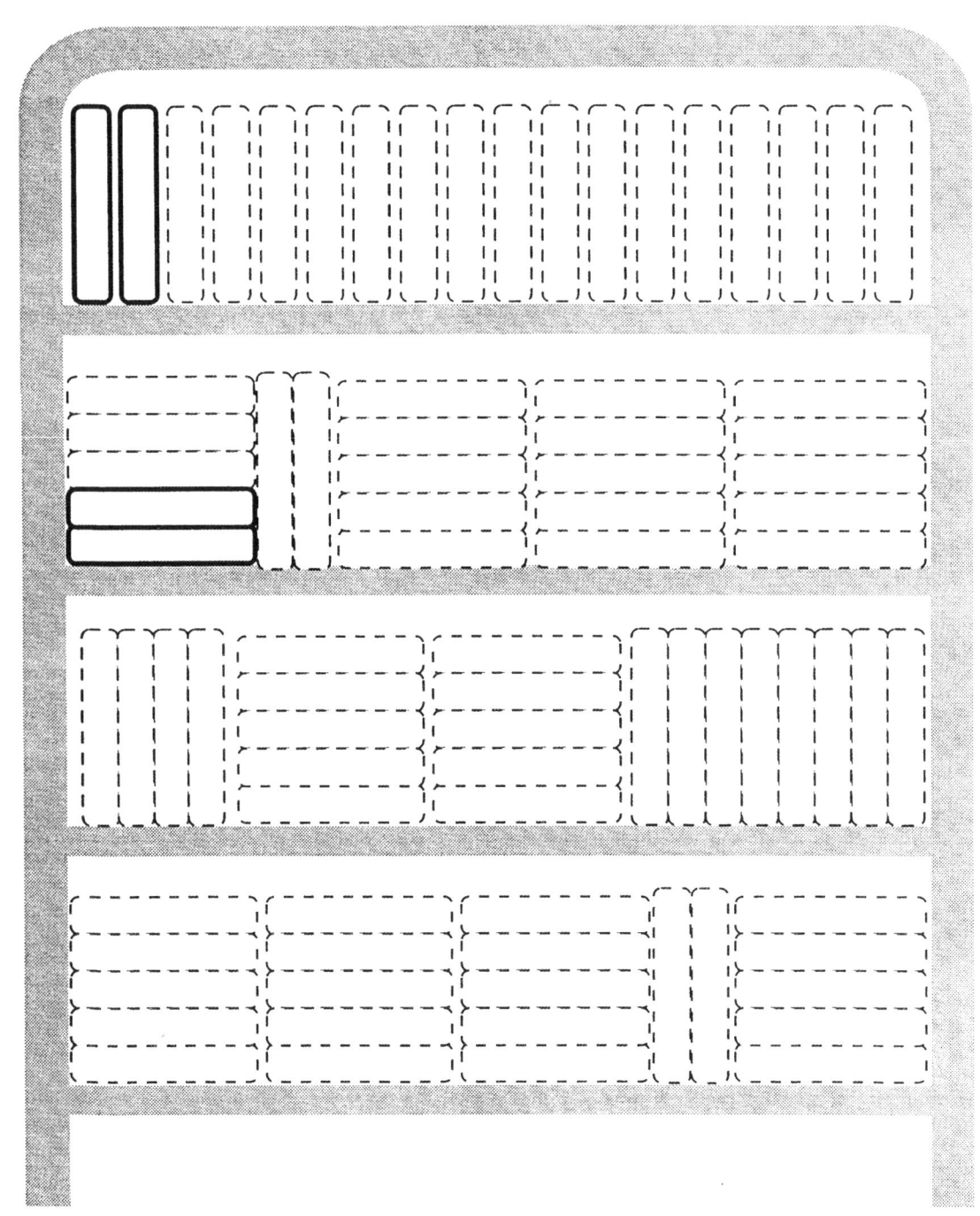

Stelle viele Bücher ins Regal und male sie bunt an.

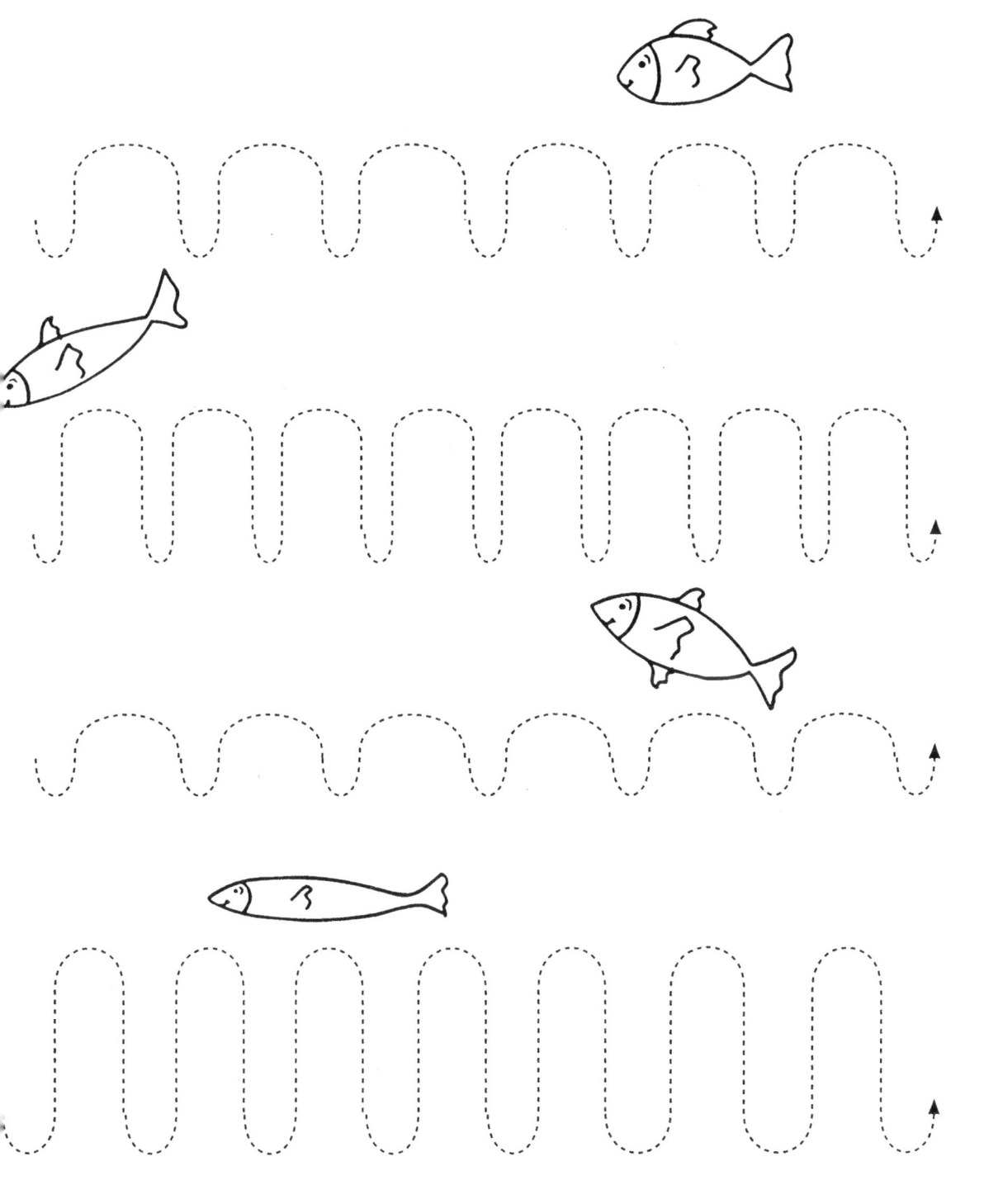

Die Fische tanzen auf den Wellen.

Male sie fertig! Folge dabei den Pfeilen.

| Hans | Hund | Hand | Hans | Haus |

| Elsa | Elfi | Efeu | Else | Elsa |

| Timo | Tor | Tau | Turm | Timo |

Findest du die Namensschilder dieser drei Kinder wieder?

Male sie gleich aus!

Immer zwei Zeichen sind gleich.

Suche sie und male sie aus!

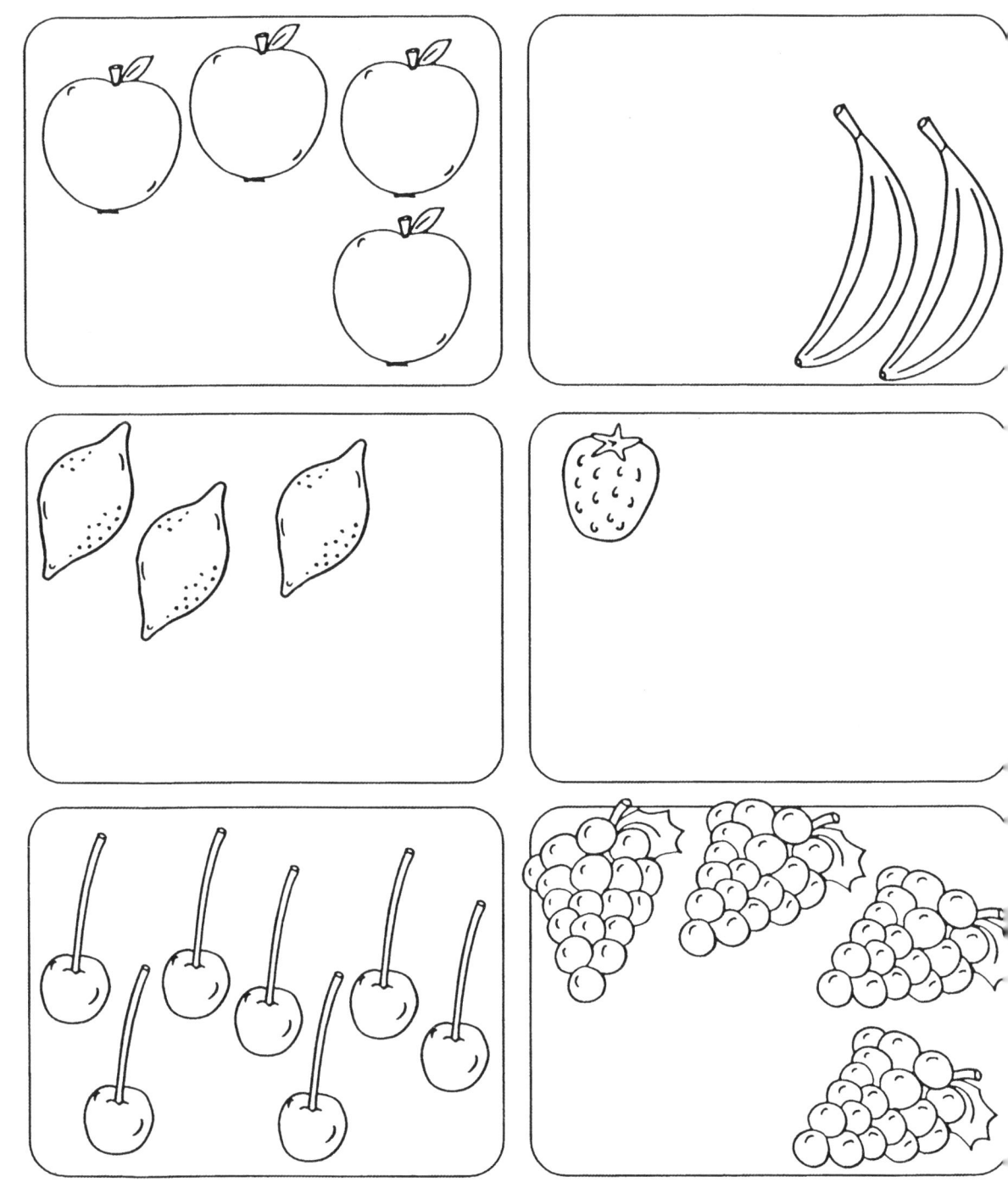

Immer 5!
Male dazu oder streiche weg, damit es stimmt!

Der kleine Bär macht Seifenblasen.

Hilf ihm dabei! Folge den Pfeilen!

Der Bär will stark werden.

Male seine Hantelkreise mit verschiedenen Stiften nach!

1 = Rot   2 = Gelb   3 = Grün   4 = Blau
5 = Braun   6 = Weiß

Male alle Felder bunt aus!
Die Zahlen sagen dir die richtige Farbe.

Der Bär will die Sprossenwand hinauf.
Hilf ihm beim Klettern und male die Sprossen!

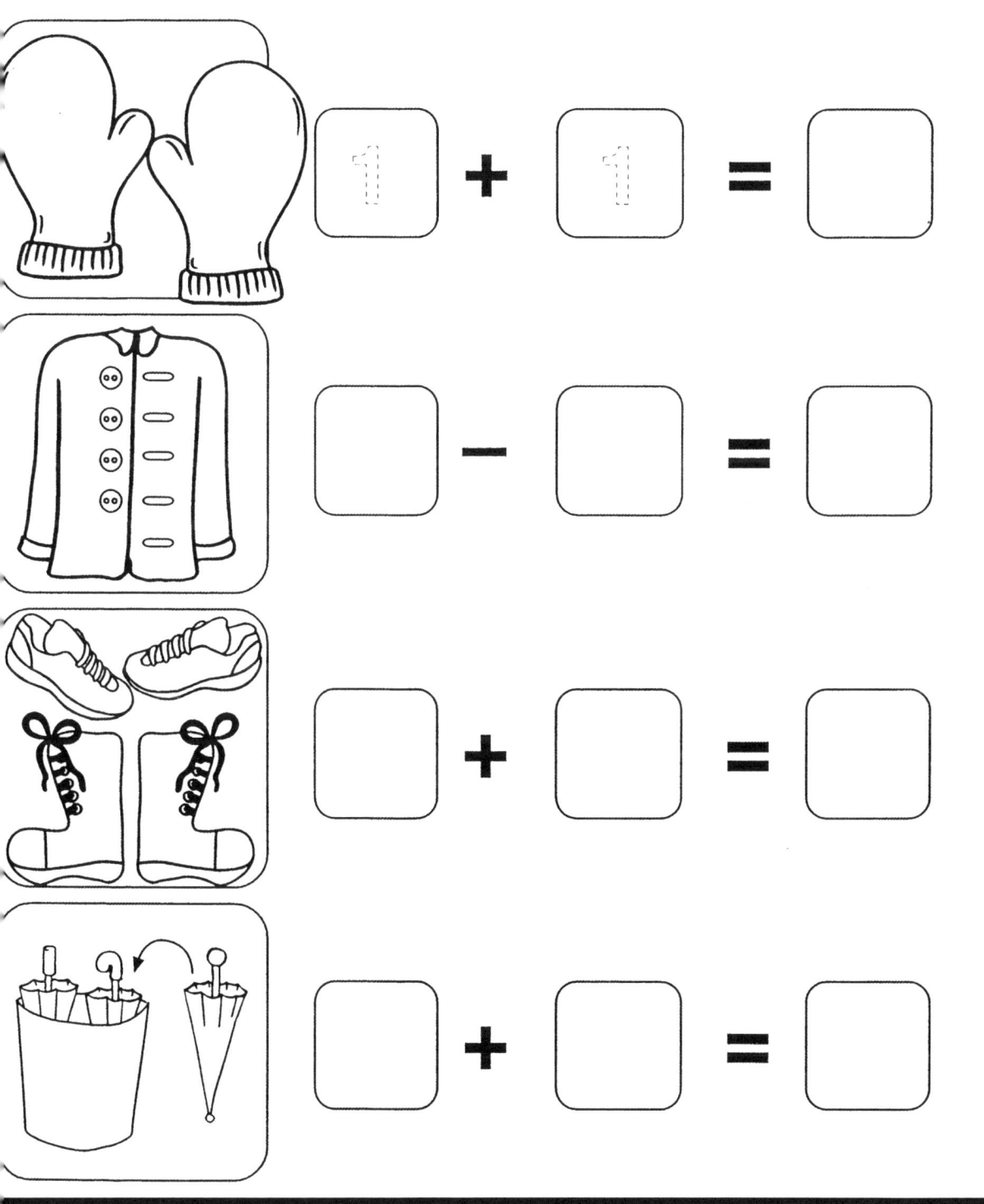

Denke dir Rechenaufgaben zu den Bildern aus.

Schreibe die Zahlen in die Kästchen und rechne aus!

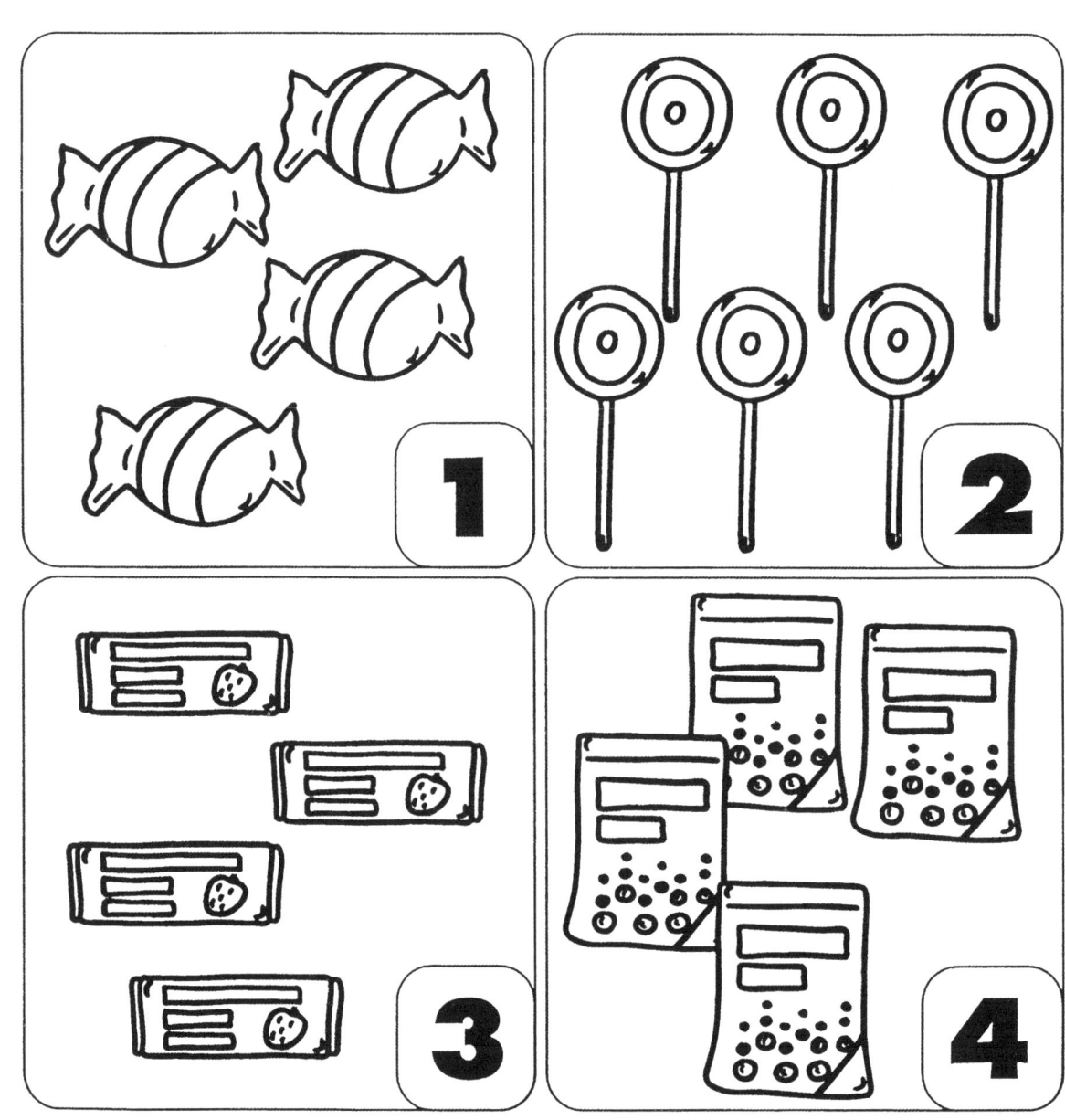

Male immer so viele Dinge aus,
wie die Zahl dir sagt!

Welches Kuchenstück gehört zu welcher Torte?
Verbinde!

Was gehört zusammen?

Verbinde!

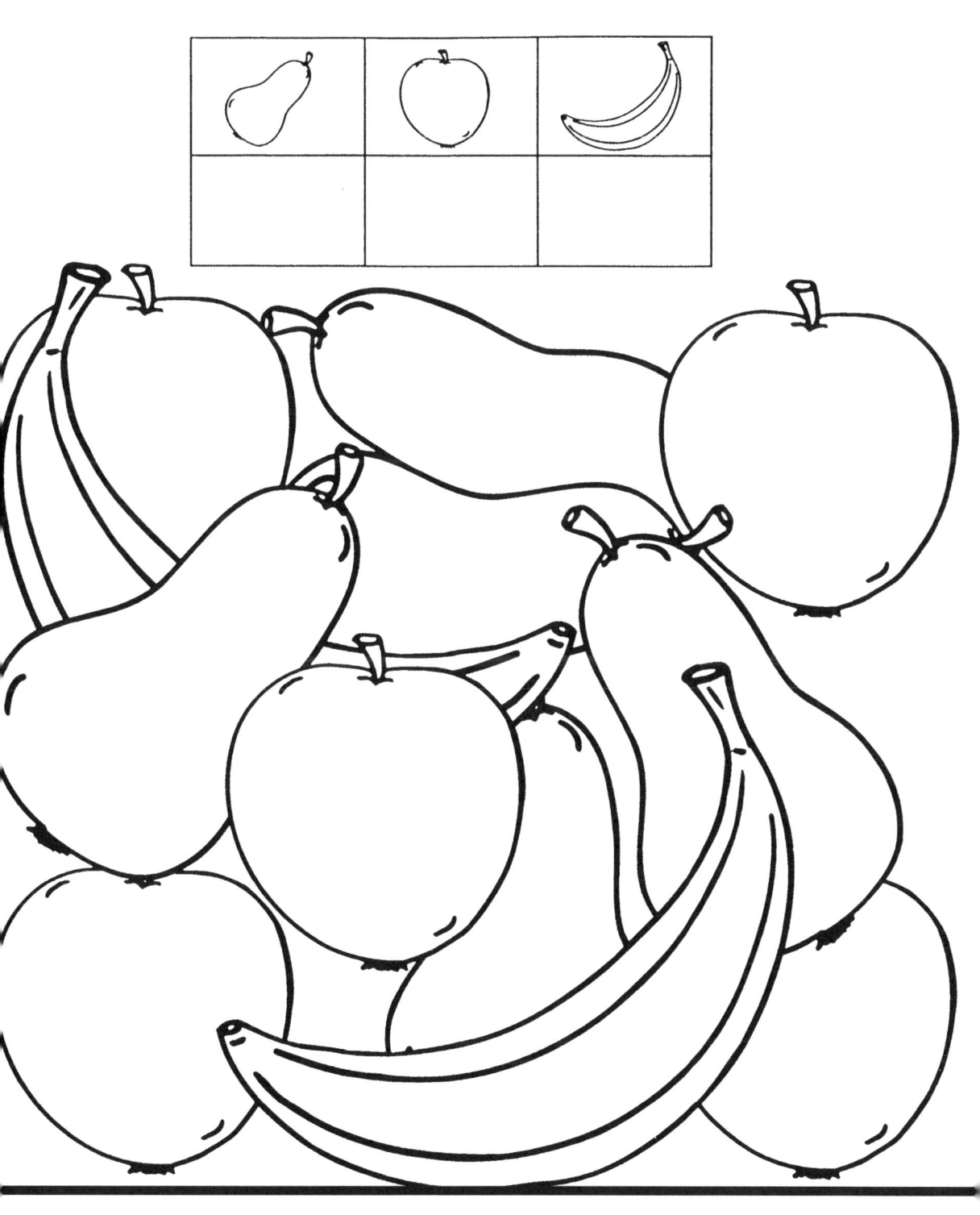

Wie viele Äpfel? Wie viele Birnen?

Wie viele Bananen?

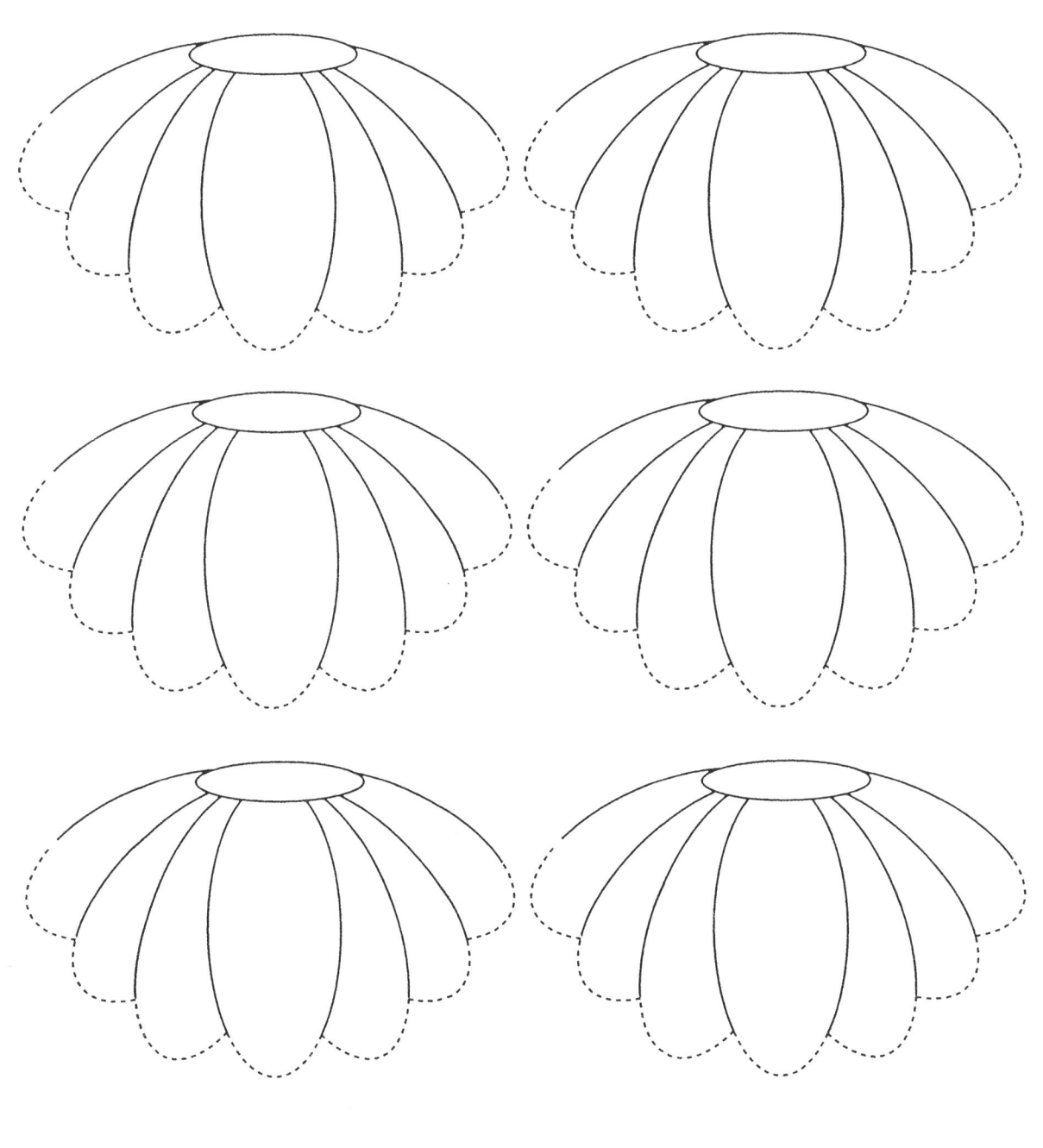

Male die Muscheln zu Ende!

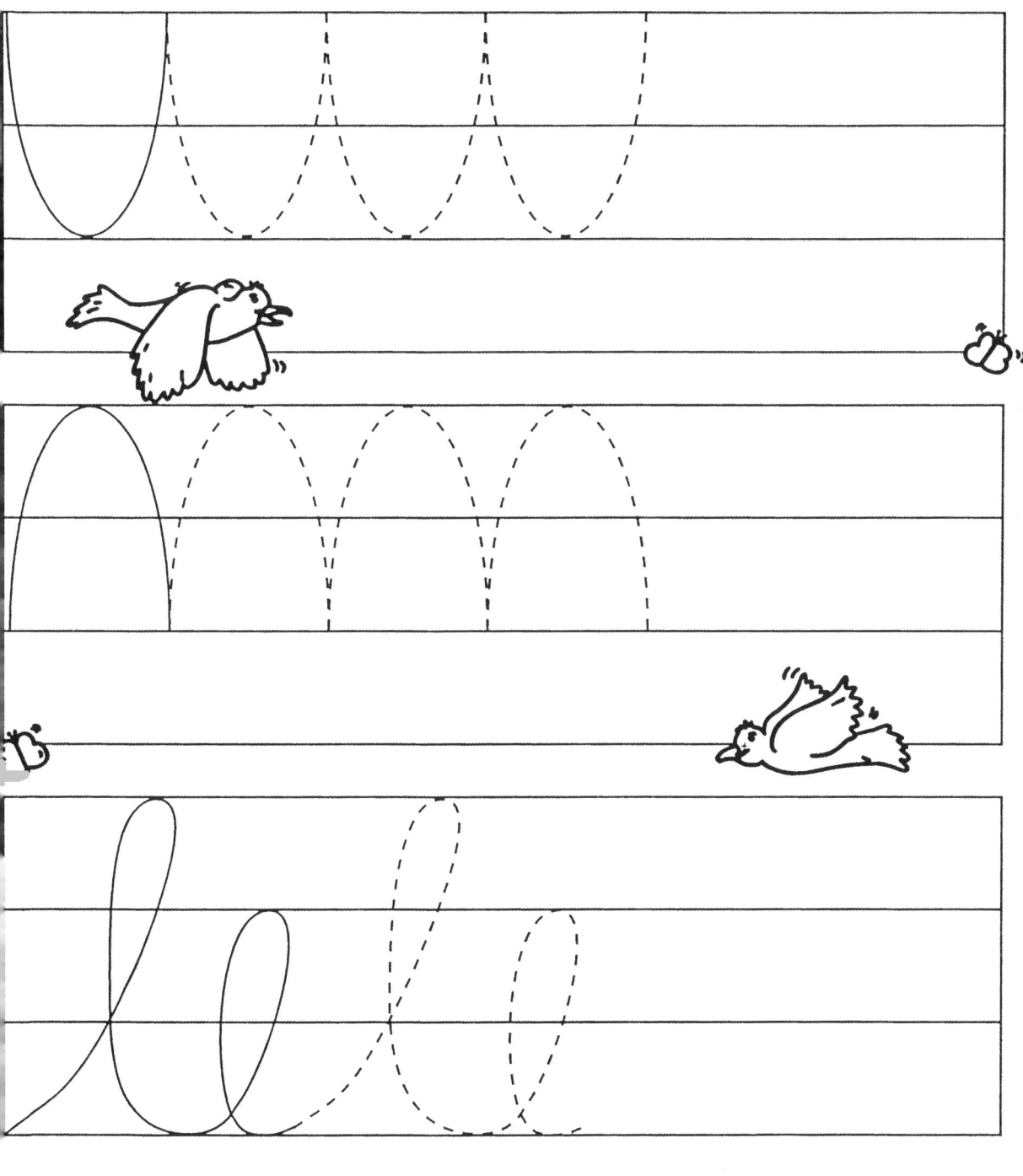

So lernst du schreiben:
Spure die gestrichelten Linien nach
und probiere es dann selbst!

Neue Tapeten fürs Bärenzimmer!
Male die Muster fertig!

Male alles, was in der Luft fliegt, blau aus!

Male alles, was fährt, rot aus!

Kennst du schon die Zahlen? Zähle die Dinge in jedem Kästchen und kreuze die richtige Zahl an!

Kannst du schon gut schreiben?
Wem gehören die Turnbeutel?

Immer zwei Hosen sind gleich.
Male sie in der gleichen Farbe aus!

Male rot aus: die Dinge trägst du unten.

Male blau aus: die Dinge trägst du oben.

Einmal nah – einmal fern.

Was gehört zusammen? Verbinde!

Lern- und Übungsblocks für den Schulanfang

978-3-401-71632-9

978-3-401-71710-4

978-3-401-71435-6

978-3-401-41562-8

Jeder Band: Broschur • www.arena-verlag.de

11. Auflage 2023
© 2015 Arena Verlag GmbH
Rottendorfer Straße 16, 97074 Würzburg
Alle Rechte vorbehalten
Texte: Carola Schäfer
Umschlagillustration: Falko Honnen
Innenillustrationen: Sabine Simon
Druck: Westermann Druck Zwickau GmbH
ISBN 978-3-401-41605-2

www.arena-verlag.de